*Die Katze mit den blauen Augen*

Doreen Tovey

# *Die Katze mit den blauen Augen*

Sie sollte die Mäuse jagen,
doch sie übernahm
das Regiment im Haus . . .
Eine herzerfrischende
Katzengeschichte

Scherz

Einzig berechtigte Übersetzung
aus dem Englischen von Grete Felten.
Schutzumschlag von Manfred Waller
unter Verwendung einer Zeichnung
von Simone Bingemer

1. Auflage der Sonderausgabe 1997
Copyright © by Doreen Tovey.
Die englische Ausgabe erschien 1993 bei Transworld Publishers,
Ltd., London, unter dem Titel «Cats in the Belfry».
Alle deutschsprachigen Rechte beim Scherz Verlag, Bern,
München, Wien. Alle Rechte der Verbreitung, auch durch Funk,
Fernsehen, fotomechanische Wiedergabe, Tonträger jeder Art
und auszugsweisen Nachdruck, sind vorbehalten.

# Inhalt

| | |
|---|---|
| Fängt sie auch Mäuse? | 7 |
| Cäsars Tochter | 17 |
| Hilfe! Kidnapper! | 31 |
| Aufruhr im Tal | 45 |
| Nichts als Scherereien | 59 |
| Einzug der Gladiatoren | 73 |
| Salomon der Große | 85 |
| Eine Orgel ohne Tasten | 103 |
| Mit Pfeil und Bogen | 117 |
| Der Drachentöter | 129 |
| Mäusespuk | 143 |
| Tod eines Pelzmantels | 155 |
| Der Pferdenarr | 171 |
| Der geheimnisvolle Fasan | 183 |
| Salomons Romanze | 197 |
| Drei aufregende Jahre | 211 |

## Fängt sie auch Mäuse?

Unsere erste Siamkatze hieß Sulka. Wir schafften sie an, weil wir Mäuse hatten. Diese spießbürgerliche Anwandlung kann ich nur damit entschuldigen, daß es sich keineswegs um gewöhnliche Mäuse handelte. Die Tiere waren nämlich als Trabanten unseres zahmen Eichhörnchens Blondin im Laufe der Jahre wahre Mäuseoriginale geworden und unterschieden sich ebenso von gewöhnlichen Mäusen wie Blondin von gewöhnlichen Eichhörnchen, oder wie Siamkatzen von gewöhnlichen Katzen.

Solange Blondin noch lebte, hatten uns die Mäuse nicht allzuviel Kummer bereitet, einmal abgesehen davon, daß sie eben immer um uns waren. Das Haus gehörte ihnen vom Keller bis unter das Dach, und durch den Garten hatten sie einen Pendelverkehr zu dem eingezäunten Auslauf eingerichtet, wo Blondin sich tagsüber aufhalten mußte. Er hatte sich nämlich einmal schlecht aufgeführt und in unserer Abwesenheit die Wohnzimmertür durchgeknabbert, um sich einen Apfel zu holen.

Die Mäuse hatten ja auch alle Hände voll zu tun, Nüsse und Brotstückchen aufzuspüren, die Blondin unermüdlich unter den Teppichen versteckte und in die Sesselritzen stopfte, um für schlechte Zeiten vorzusorgen. Ganz geheuer war mir zwar nicht, als ich zum erstenmal auf dem Treppenabsatz einer Maus begegnete, die mit einer Nuß im Maul vorbeitrabte wie ein Hund, der seinen Knochen in Sicherheit bringt, aber schließlich gewöhnte ich mich an solche Erlebnisse.

Eine Maus hatte ihren Spaß daran, mit mir im Gartenhaus Versteck zu spielen. Zuletzt wurde sie so zahm, daß sie, wenn sie genug hatte, aus ihrem Versteck herauskam, sich auf die Hinterbeine setzte und mit einer Brotrinde im Mundwinkel frech zu mir aufschaute, als wolle sie sagen: «Na, reicht es dir auch?»

Einer anderen gelang es eines Abends nicht, sich mit einer Nuß im Maul zwischen Küchentür und Schwelle durchzuquetschen. Sie ließ die Nuß neben der Tür liegen, schlüpfte selbst hinaus, schmiegte sich draußen an die Schwelle und begann äußerst sinnreich mit der Pfote zu fischen, um die Nuß durch den Spalt zu angeln.

Ich war starr vor Schrecken. Von drinnen

konnte ich nichts weiter sehen als eine Nuß, die, scheinbar völlig ohne fremdes Zutun, wie verrückt auf der Schwelle herumtanzte. Blondin konnte es nicht sein, das wußte ich. Er schlief schon. An den langen Winterabenden kam er früh herein, galoppierte die Treppe hinauf in den Kleiderschrank, wo er, leise, aber hörbar schnarchend, in Charles' Sockenfach schlief. Als mir aufging, daß da die zierliche Pfote einer Feldmaus durch die Ritze langte und nicht etwa Gespenster am Werk waren, fiel mir ein Stein vom Herzen. Ich öffnete die Tür und legte die Nuß hinaus. Natürlich war draußen niemand zu sehen — aber als ich ein paar Minuten später wieder nachsah, war die Nuß verschwunden.

Wäre alles so nett und harmlos weitergegangen, ich hätte vielleicht ein Buch über Mäuse geschrieben anstatt über Siamkatzen. Aber in einem feuchten Herbst erkältete sich Blondin und starb, und schon bald darauf hatten wir die größten Scherereien. Als die Mäuse merkten, daß in den Sesseln zwischen Sitzpolster und Seitenlehnen keine Nüsse mehr für sie zu holen waren, machten sie sich daran, Löcher in die Bezüge zu nagen. Als ihnen klarwurde, daß auch unter den Teppichen nichts mehr für sie versteckt war, wurden sie wild und fraßen die Perser an. Sie fielen über den Vogelkäfig her, um Vogelfutter zu ergattern, und erschreckten den

Wellensittich fast zu Tode. Besonders kräftig war er sowieso nie gewesen, und auch seine Schwanzfedern kamen eigentlich aus der Mauser nicht heraus – jetzt aber fielen sie wie das Laub im Herbst.

Die Mäuse drangen in einen Schrank ein, um den sie sich in den fetten Zeiten nie gekümmert hatten, und bissen heimtückisch alle Ecken von einem großen zusammengefalteten Tischtuch ab, das wir nur bei besonderen Anlässen benutzten. Als ich es dann wieder einmal auflegen wollte, hatte es ein Lochmuster aus Sternen und Halbmonden und war völlig unbrauchbar. Ich hörte es direkt, wie diese albernen Mäuse sich halb krank lachten – und in der gleichen Nacht kletterte eine ganz frech auf meine Steppdecke und spazierte mir über das Gesicht, nur so zum Spaß, um mir's mal zu zeigen.

Das Maß war voll, als ich wenig später eines Morgens den Brotkasten aufmachte und eine winzige Feldmaus darin entdeckte, die wie verrückt Luftsprünge vollführte. Sie mußte sich dort eingeschlichen haben, um in aller Ruhe ein bißchen zu vespern, und hatte dann, als der Deckel geschlossen wurde und sie sich gefangen sah, ganz und gar den Kopf verloren. In wildem Schrecken hatte sie so lange versucht, durch diese erstaunlichen Sprünge zu entwischen, daß sie ganz mechanisch auf dem Weg zur Hintertür

wie ein Känguruh weiterhüpfte, nachdem ich
sie auf den Fußboden gekippt hatte. Als sie
plötzlich merkte, daß sie frei war, fuhr sie wie
eine Rakete zur Tür hinaus.

Jetzt reichte es mir endgültig. Wir hatten
schon versucht, Blondin durch ein anderes
Eichhörnchen zu ersetzen. Wäre uns das gelun-
gen, so hätte sich vielleicht das Gleichgewicht
zwischen Maus und Mensch wiederherstellen
lassen. Blondin hatten wir als junges Tier verletzt unter einem Baum gefunden; uns war nie
der Gedanke gekommen, daß ein Eichhörnchen
als Haustier etwas Besonderes sei. Als wir aber
in der Stadt von einer Tierhandlung zur anderen
zogen und in dem schauerlichen Konzert kläf-
fender junger Hunde, miauender Kätzchen und
kreischender Papageien den Händlern klarzumachen versuchten, daß wir ein ganz gewöhnli-
ches kleines Eichhörnchen haben wollten,
mußten wir feststellen, daß sie uns für leicht
verrückt hielten.

Da wir es schrecklich finden, Tiere in Fallen
zu fangen, blieb uns nichts anderes übrig, als
eine Katze anzuschaffen und zu hoffen, daß die
Mäuse nach ein paar schlagartigen Exekutionen
so gescheit sein würden zu verschwinden. Das
Dumme war, daß wir eigentlich nicht besonders
gern Katzen halten wollten. Wir hatten Angst,
sie würden den Vögeln auf unserem Grund-

stück nachstellen, die so schön zahm geworden waren. Wir waren zudem überzeugt, daß es keine Katze gäbe, so drollig und liebenswert wie unser Blondin, der Charles' Uhrengehäuse durchnagt hatte, um dem Ticken auf die Spur zu kommen, der in der Bibliothek die Ecken von den Büchern gezwackt und unseren Gästen die Hosenknöpfe abgebissen hatte.

Lange konnten wir uns nicht entschließen, etwas zu unternehmen. Da plötzlich griff das Schicksal ein: Wir lernten eines Sonntagmorgens Mimi kennen, eine junge Siamkatze, die vor kurzem bei Leuten nicht weit von uns zugezogen war. Sie war sechs Monate alt. Ihre frühere Herrin hatte sie verschenkt, weil sie ins Ausland gegangen war und Mimi nicht hatte mitnehmen können. Zwei Wochen war sie erst da, und schon hatte sie den ganzen nüchternen Landhaushalt gründlich auf den Kopf gestellt. Der Hund schlief bei einem Bauern, natürlich draußen, an einer zugigen Hütte angekettet, die gewöhnlichen Katzen waren nur zum Rattenfang in den Ställen da und durften überhaupt nicht in die Wohnung: Mimi aber schlief nicht nur in der Wohnung, sondern sogar in Vater Adams' Lehnstuhl, auf seiner Kordweste, die er jeden Abend vorm Schlafengehen eigens zu diesem Zweck dort ablegte. Nie durfte sie hinaus, wenn es schon dunkel war oder wenn es regnete – die Nachbarn erzählten einander empört, sie hätten den alten Mann nach dem Abendbrot im Garten gesehen, wie er eigenhändig ein Kistchen liebevoll mit Erde gefüllt hätte, man wisse schon wozu ... Jetzt konnte man ausgerechnet in unserem Bergdorf, wo die Männer sich so viel auf ihre Härte einbildeten, den ältesten und knorrigsten Farmer stolz wie einen Pfau die Straße auf und ab spazieren sehen – mit einer Siamkatze in einem Geschirr aus dicker, leuchtend roter Wolle.

Dieses Geschirr fand er reichlich unter Mimis Würde. Mutter würde ihr ein richtiges kaufen, meinte er, eines mit einem Glöckchen, wenn sie das nächstemal in die Stadt käme. Inzwischen mußte man sich eben mit dem wollenen behelfen, denn Mimi (erst viele Monate später, als ich ihm half, für die ersten jungen Kätzchen den Stammbaum aufzustellen, wurde mir klar, daß die frühere Besitzerin an Puccinis Mimi gedacht hatte) war zum erstenmal läufig und mußte von anderen Katzen ferngehalten werden.

Ich starrte Mimi ungläubig an. Ich hatte stets gehört, daß Siamkatzen in diesem Zustand ihre Besitzer durch Schreien und Kreischen nach einem Männchen fast um den Verstand brächten, und nun stand hier eine vor mir, kühl und keusch wie eine Nonne.

Ich fragte, ob diese Katze denn überhaupt

eine Stimme habe. Und was für eine, sagte er. Sie brülle wie ein ausgewachsener Stier, wenn sie hungrig sei oder ihn von ihrem Stuhl weghaben wolle. Aber nicht nach einem Kater. Sei eben ganz große Klasse. Schaue eine gewöhnliche Katze nicht einmal an. Das Geschirr sei nur dazu da, daß er sie schnell aufnehmen könne, wenn sich ein Kater an sie heranmache.

Nun, große Klasse war sie zweifellos, von ihrem schönen, spitz zulaufenden schwarzen Kopf bis zur Spitze des eleganten Schwanzes. Sie schien mir das anmutigste Tier, das ich je gesehen hatte, und als der alte Mann uns noch erzählte, daß sie wie ein Äffchen an den Gardinen hochklettere, wenn es über sie komme, sich auf der Gardinenstange niederlasse und dann nicht wieder herunterzubringen sei, oder daß sie in hohem Bogen vom Klavier zum Kaminsims setze und wie ein Rennpferd um das Zimmer herumjage, da wußte ich, daß es um mich geschehen war. Das war ja Blondin, wie er leibte und lebte — nur mit dem Vorzug, daß sie nichts kaputtmacht: Das täten Siamkatzen nie, meinte der Alte.

Aber eines wollte ich noch wissen: Kann sie Mäuse fangen? Es war, als hätte ich einen Rennfahrer gefragt, ob sein Wagen auf ebener Straße 50 km/h schaffe. «Mäuse», brüllte Vater Adams mit einer Stimme, die vor Hohn bebte, «'ne

Schlange brachte sie gestern rein, anderthalb Meter lang, den Kopf sauber abgebissen, und spielte damit, als wär's 'n Bindfaden!»

Wenige Wochen später waren wir beide, Adams und ich, nicht mehr so unerfahren und auch nicht mehr so unbeschwert. Als Mimi nämlich wieder läufig war, fetzte sie das Sitzpolster aus dem Lehnstuhl, machte fast das ganze Dorf verrückt mit ihrem Geschrei, sprang schließlich aus dem Schlafzimmerfenster und sauste die Straße hinauf zum Gut, wo sie unauslöschlicher Schande nur dadurch entging, daß ihr düsteres orientalisches Gesicht und die flammenden blauen Augen den alten sturmerprobten Kater, der dort zu Hause war, zu Tode erschreckten. Er steckte noch immer hinter der Regentonne, als Frau Adams händeringend hinter Mimi her den Hügel heraufgekeucht kam.

Vater Adams hatte seine alte Sicherheit verloren, als er uns am nächsten Sonntag mit Mimi besuchte, die nun wieder still und gesetzt war und ihm schmeichelnd um die Füße strich. Er erzählte, seine Frau habe sich bei ihrem letzten Besuch in der Stadt ein Buch über Katzen aus der Bibliothek geholt, und darin stehe, Siamkatzen könne man erst paaren, wenn sie ein Jahr alt seien. Wenn sie dieses Theater noch sechs Monate mitmachen müßten, sagte er, und die verflixte Katze sich alle paar Wochen nach

einem Kater halb tot schreie und ihm die Leute
das Haus einliefen, um sich über den Radau zu
beschweren, würde ihn das todsicher ins Irrenhaus bringen.

Wir wußten, wie ihm zumute war. Seit der
letzten Begegnung hatten wir Sulka angeschafft,
und ihre erste Tat im neuen Heim war gewesen,
genau nach Vater Adams' Beschreibung die
Gardine hinaufzurasen und dann auf dem Vogelkäfig zu landen, so daß unser Wellensittich
Shorty vor Schreck auch noch seine letzte
Schwanzfeder verlor.

Die Mäuse indessen konnte Sulka nicht be-
eindrucken. Kurz nach ihrem Einzug hatten sie
in den Staubsaugersack ein Loch gebissen, und
als ich ihn einschaltete, hatten sich einige Pfund
Staub über unseren neuen hellen Teppich ver-
teilt.

## Cäsars Tochter

Sulka hatte sich auf den ersten Blick in uns verliebt. Das war peinlich, denn wir waren eigentlich entschlossen, eine Katze mit dunkler Zeichnung zu kaufen, und als die Züchterin erklärte, die dunklen Kätzchen seien alle schon weg, aber wir könnten uns ihre letzten blauen einmal anschauen, da stimmten wir nur höflichkeitshalber zu.

Unglücklicherweise wußte Sulka davon nichts. Ihr Bruder war so gut wie verkauft an eine Dame, die schon eine braungezeichnete Katze erstanden hatte und nur ihren Mann noch fragen wollte, ehe sie den Kater abholte; er würdigte uns eines kurzen Blickes, als wir eintraten, dann trollte er sich in eine Ecke und begann an der Radioschnur herumzukauen. Sulka dagegen hatte nicht den leisesten Zweifel, daß wir ihretwegen gekommen waren. Sie saß auf dem Teppich vor dem Ofen, die Augen fest zu-

gedrückt im Vorgenuß, und die Pfötchen gingen auf und ab wie kleine Kolben. Als ich neben ihr hinkniete und sie ansprach, machte sie die Augen einmal kurz auf – sie waren blau wie Vergißmeinnicht und schielten vor Aufregung –, begrüßte uns mit einem Quiekser, den man dem kleinen Kätzchen gar nicht zugetraut hätte, drückte die Augen wieder fest zu und harrte der wunderbaren Dinge, die da kommen sollten.

Die Besitzerin fragte, ob wir vorhätten, selbst Siamkatzen zu züchten, und als wir das bejahten, erzählte sie, daß Sulka die blaue Zeichnung von der Mutter geerbt hätte. Der Vater sei ein Beige-Brauner gewesen, und wenn man sie später mit einem solchen Kater paare, würde sie auch dunkle Junge kriegen. Andererseits, meinte sie, würden gerade die blauen Siamkatzen immer beliebter. Manche Leute hielten sie für sanfter als die braunen, und sie seien ja auch wirklich schöne Tiere. Übrigens müßten wir vor dem Weggehen unbedingt noch Anna anschauen.

Sie machte die Tür auf und rief laut «Anna!» Irgendwo im Haus antwortete ihr ein lauter Schrei, und nach geraumer Zeit — soviel eine distinguierte Katze eben braucht, um ohne unziemliche Eile die Treppe herabzusteigen — erschien Anna. Eine Siamkatze, die aussieht, als komme sie gerade frisch blaugetönt vom Friseur, kann einem beim ersten Anblick wirklich die Sprache verschlagen. Ihre Beine waren lang und schlank wie die einer Gazelle. Ihre mandelförmigen Augen, heller als die der braungezeichneten Katzen, schimmerten wie Edelsteine. Sie hatte einen Gang, als sei sie die Herrin der Welt. Wenn die Züchterin damit gerechnet hatte, daß dieser Anblick Sulkas Verkauf fördern würde, so hatte sie sich nicht getäuscht. Aber nicht die Schönheit gab den Ausschlag, sondern die unnachahmliche Arroganz, mit der diese Anna nach kritischer Musterung an uns vorbeischwebte, um in der Ecke ihren Sohn zu küssen, der nun bald ein Heim haben würde, in dem man sich zwei Siamkatzen leisten konnte.

Daraufhin brachten wir es nicht übers Herz,

Schwesterchen Sulka zurückzulassen. Als wir weggingen, ging sie mit uns, ausgestattet mit einem Vorrat Hefetabletten, einem Paket gehackten Kaninchenfleisches und einem Stammbaum, der größer war als sie selbst und kundtat, daß ihr Vater Cäsar hieß.

Sulka selbst war so glücklich, daß sie auf der Heimfahrt an diesem Abend das erste und einzige Mal in ihrem Leben keinen Laut von sich gab. Ihr Abendbrot verzehrte sie bis zum letzten Krümel. Und auch der Überfall auf Shorty sollte uns ja nur zeigen, daß sie uns in Zukunft verteidigen würde gegen alles, was da kreucht und fleucht. Sie liebte uns so heiß, daß ihr fast das Herz brach, als wir schließlich schlafen gingen und sie Shortys wegen mit einer Wärmflasche und einem funkelnagelneuen Katzenkorb im Gästezimmer allein ließen. Sie jammerte und heulte und schrie, sie sei so allein und wolle zu ihrer Mutter. Sie legte sich auf den Boden und schluchzte auf der Türschwelle, damit wir sie besser hören konnten, und schließlich zerrte sie vom Treppenabsatz das Läuferende herein und riß wütend daran. Als sie schließlich einsah, daß der Fall hoffnungslos sei, ließ sie ein letztes tragisches Miau-au-au hören, das trostlos in der Dunkelheit erstarb. Dann herrschte Stille.

Prompt fingen wir jetzt an, uns Sorgen zu machen. Wenn sie nun die ganze Nacht auf der

Schwelle lag und sich erkältete? Vater Adams
hatte gesagt, wenn Siamkatzen sich erkälteten,
gingen sie ein. Vielleicht war sie schon tot? Dieses Schweigen nach der Raserei der letzten halben Stunde war unheimlich und konnte nicht
mit rechten Dingen zugehen. Wir waren dagegen, Katzen ins Schlafzimmer zu lassen, und
hatten nicht die Absicht, diese Unsitte jetzt ein-
zuführen. Aber trotzdem... wenn sie nun...
Charles konnte es schließlich nicht mehr aushalten. Nachdem er zehn Minuten angestrengt
gelauscht hatte, um irgendeinen Laut aus dem
Nebenzimmer aufzufangen, stieg er verlegen
aus dem Bett, wobei er vor sich hinbrummte,
wir hätten schließlich einen Haufen Geld in
diese Katze investiert...

Als wir die Gästezimmertür öffneten, lag
sie zusammengerollt in ihrem Korb und war
offenbar vor Erschöpfung eingeschlafen. Ich
könnte allerdings schwören, daß ein deutliches
Schmunzeln auf ihren Zügen lag. Charles, ein
Mann, sah das nicht. Er sah, was er sehen sollte:
ein kleines Kätzchen, das da rührend in seinem
Korb lag – und er sagte, was er sagen sollte: wir
müßten sie doch vielleicht – wenigstens die erste Nacht – mit in unser Schlafzimmer nehmen.
Zärtlich trug er sie hinein und legte sie mir in
die Armbeuge, wo sie mit einem zufriedenen
Seufzer wieder einschlief. Charles, der ja nun

ein gutes Gewissen hatte, schwang sich in sein Bett, zog sich die Decke über den Kopf und schlief ein. Nur ich lag wach. Ich lag wach, weil Sulka die ganze Nacht voller Heimweh von Anna träumte und nicht aufhörte, ihr Schnäuzchen laut und hungrig schmatzend mir ins Ohr zu bohren.

Der nächste Morgen sollte uns einen triefend nassen Tag und eine neue Krise bescheren. Sulka hatte ihr Kistchen nicht benutzt. Die Züchterin hatte uns geraten, da Sulka noch nicht an den Garten gewöhnt war, weiter ein Kistchen zu benutzen, bis das Wetter sich besserte. Wir hatten ihr deshalb unsere größte Emaillebackform abgetreten, die wir mit einer Tüte Vogelsand von Shorty gefüllt hatten, denn der Garten schwamm vor Nässe, und Vater Adams hatte gesagt, Siamkatzen erkälteten sich, wenn sie feuchte Erde im Kistchen hätten. Wir hatten ihr am Abend vorher alles gezeigt; sie aber hatte getan, als sähe sie nichts. Das konnte man verstehen: Siamkatzen sind nun einmal sehr vornehm, und wir hatten uns ja schließlich gerade erst kennengelernt. Aber nun war es schon wieder Morgen, Sulka war schon zwölf Stunden bei uns, und der Sand in der Kiste war noch immer unberührt. Während des Frühstücks liefen Charles und ich immer wieder hinaus in die Diele und ließen den Sand verführerisch durch unsere Finger rinnen, Sulka kam gesprungen und spielte mit ihrer kleinen blauen Pfote munter mit. Aber sie ging nicht ins Kistchen. Als es für uns Zeit wurde, zur Arbeit zu fahren, war ich schon ganz durcheinander vor Aufregung. Vor Abend konnten wir nicht zurück sein, und bis dahin war Sulka ganz bestimmt geplatzt.

Als wir abends heimkamen, war das Kistchen noch immer unbenutzt, und Sulka saß wie festgemauert auf dem Fußboden. Geplatzt war sie nicht, aber offenbar hütete sie sich vor jeder Bewegung. Wir waren mitten im Essen und überlegten gerade sorgenvoll, ob wir nicht doch den Tierarzt kommen lassen müßten, da hatte Charles eine Eingebung. Vielleicht, meinte er, hat sie was gegen Sand.

Es regnete immer noch, also probierten wir es mit Sägespänen. Aber das war auch nicht das Richtige. In unserer Verzweiflung schlugen wir nun Vater Adams' Ratschläge in den Wind, füllten das Kistchen mit nasser Erde aus dem Garten und stellten es ihr vor die Nase. Der Erfolg war märchenhaft. Mit einem Aufschrei sprang Sulka in die Kiste, und beinahe hätte es eine Überschwemmung gegeben. Ohne noch ans Essen zu denken, sauste Charles wieder in den Regen hinaus, füllte die Kiste aufs neue und bot sie noch einmal an. Sulka kannte keine falsche Scham. Sie sprang noch einmal hinein, hob

23

ihr kleines spitzes Schwänzchen und setzte sich
schleunigst zurecht, aus voller Brust dem Himmel dankend, weil wir endlich verstanden hatten, daß ihre Mutter ihr beigebracht hatte, nur
unsaubere Katzen nähmen was anderes als Erde.

Diese Schwierigkeit hatten wir also überstanden. Aber es sollten neue folgen! Da war zum
Beispiel ihr erster Ausgang in den Garten. Schon
der Weg war nicht nach ihrem Geschmack – sie
schimpfte die ganze Zeit, der harte Kies tue
ihren Pfoten weh –, aber als wir sie auf den Rasen setzten und das kurze Gras zum erstenmal
ihre Pfoten kitzelte, quiekste sie laut auf, kletterte an meinem Bein herauf und versicherte
hoch und heilig, irgendwas hätte sie gebissen.
Genauso verhielt sie sich, als sie ihren ersten
Hund sah, nur stieg sie diesmal weiter, über
mein Gesicht weg bis auf den Kopf, um ganz
sicher zu sein, und plärrte zu ihm hinunter:
«Jetzt kannst du kommen, wenn du dich
traust!»

Es war wirklich nicht leicht. Blondin hatte
sich zwar genauso benommen, wenn er Angst
hatte. Einen alten Mann aus meiner Bekannt-
schaft traf beinahe der Schlag, als er mir einst in
der Dämmerung auf der Straße begegnete und
von meinem Kopf frech ein Eichhörnchen zu
ihm hinüberpfiff, wobei es den Schwanz wie
einen Staubwedel von sich streckte. Und was

24

war der Dank dafür, daß ich ihm versicherte, es
sei wirklich nur ein Eichhörnchen und kein An-
zeichen von Delirium tremens? Daß er von
Haus zu Haus ging und jedermann im Dorf erzählte, ich sei nicht ganz richtig im Kopf. Was
die Leute sagen würden, wenn sie hörten, daß
ich neuerdings mit einer schreienden Katze auf
dem Kopf herumliefe – daran konnte ich nur
mit Schaudern denken.

Als Sulkas Pfoten abgehärtet waren und sie
allmählich im Freien selbständig auf Abenteuer
ausging, hatten wir noch mehr Scherereien. Als
sie sich das erstemal ohne Begleitung im Garten
aufhielt, kletterte sie auf das Garagendach,
rutschte hinten, wo es schräg abfällt, hinunter
und fiel in die Regentonne. Sie arbeitete sich
selbst heraus, kam vor Ärger ganz steifbeinig ins
Haus gestorcht und miaute, während grünes
Sumpfwasser von ihrem Schwanz Tropfen um
Tropfen auf unseren armen Perser rann, Charles
so erbärmlich ins Gewissen, daß er sich verdrückte und sofort einen Deckel für die Tonne
fabrizierte.

Unglücklicherweise erinnerte sich Sulka, als
sie das nächste Mal ins Badezimmer kam und
Charles in der Wanne liegen sah, wie sie selbst
nur mit Mühe dem nassen Tod entronnen war.
Sie stieß einen Schreckensschrei aus und vollführte einen Rettungssprung. Charles döste ge-

25

rade vor sich hin und erschrak so, als Sulka kreischend auf seinem Magen landete, daß er in die Höhe fuhr und den Kopf gegen das Arzneischränkchen rammte. Das hatten wir nämlich, um es Blondins Zugriff zu entziehen, direkt über der Badewanne angebracht.

Von nun an fiel Sulka beim Versuch, uns vor dem Ertrinken zu retten, so oft in die Badewanne, daß wir am Wasserhahn ein Schild anbringen mußten: Erst Türe schließen, dann Wasser einlassen. Danach gewöhnte sie sich an – wahrscheinlich um das häufige Naßwerden irgendwie auszugleichen –, sich mit dem Hinterteil direkt an den elektrischen Ofen zu stellen, wenn sie sich mit uns unterhielt. Zweimal fing sie dabei an der Schwanzspitze Feuer, ohne allerdings selbst etwas davon zu merken, weil sie viel zu sehr damit beschäftigt war, uns Vorlesungen zu halten. Jedesmal warf sich Charles quer durchs Zimmer und löschte die Flamme, ehe sie die Haut sengte; doch er meinte, in seinem Alter sei das fürs Herz gar nicht gut, und meinem war es wahrhaftig auch nicht zuträglich. Schließlich blieb uns nichts anderes übrig, als Schutzgitter aus Draht zu kaufen und sie vor jeden elektrischen Ofen im Haus zu binden. Sie sahen gräßlich aus und verunstalteten jedes Zimmer.

Die größte Schwierigkeit aber war die Futterfrage. Als sie noch bei Anna war, hatte Sulka anscheinend wie vorgeschrieben täglich zweimal Brei, zwei Fleischmahlzeiten und vier Hefetabletten gehorsam zu sich genommen. Nicht so bei uns. Ein Tag hatte ihr genügt, um festzustellen, daß sie mit uns zwei Anfängern leicht fertigwerden könne, und vom zweiten Tag an weigerte sie sich, ihren Brei zu fressen. Wenn wir Leber hatten, die sie eigentlich nur einmal in der Woche kriegen sollte, oder wenn es Speck gab, der ihr überhaupt verboten war, saß sie auf dem Frühstückstisch, ob Gäste dabei waren oder nicht, und das Wasser lief ihr aus dem Mund. Kaninchenfleisch bekam ihr gut und war damals gerade so billig, daß der Metzger das Gesicht verzog, wenn ich weniger als ein Pfund kaufte, aber das fraß sie wieder nur, wenn sie Lust hatte, so daß ich noch und noch Schüsseln mit übrigem Fleisch vor die Tür stellen mußte, an dem sich weniger glückliche kleine Katzen gütlich tun konnten. Natürlich bahnte sich Sulka, sobald die weniger glücklichen kleinen Katzen erschienen, einen Weg durch die Menge und verschlang das Kaninchenfleisch mit solcher Gier, daß eine alte Dame geradezu die Türklinke bei uns abnutzte, um uns immer wieder zu erzählen, unser liebes Kätzchen fresse draußen Abfall, und ob wir nicht auch dächten, daß wir es vielleicht zu knapp hielten.

Gelegentlich ließ sich Sulka herab, ein kleines Beefsteak zu fressen, aber nur, wenn man es ihr häppchenweise hinwarf, und zwar gut gezielt, denn was nicht unmittelbar vor ihr zu Boden fiel, geruhte sie nicht zu erblicken. Fiel ein Stück auf ihr Fell, so rannte sie die Treppe hinauf, versteckte sich unter dem Bett und kreischte, als hätten wir sie geschlagen. Wenn wir eine ganze Schüssel Futter vor sie hinstellten, schüttelte sie jedesmal zierlich ihr Hinterbein, genauso, wie sie nach Benutzung ihrer Kiste andeutete, daß sie fertig sei. Dann entfernte sie sich mit zurückgelegten Ohren, voller Abscheu über unseren Mangel an Lebensart.

Milch mochte sie, aber nur dann, wenn sie sie auf dem Tisch aus dem Krug trinken durfte. Dieses Hindernis überwanden wir, indem wir ihre Milch im Krug aufhoben und unsere Tassen heimlich – um sie nicht zu kränken – aus der Flasche füllten, die wir hinter dem Bücherschrank verwahrten. Die Leute hielten uns für Narren und meinten, wir sollten sie doch dazu bringen, aus einem Schüsselchen zu trinken. Ach, sie kannten Sulka nicht. Aus einem Schüsselchen trank sie nur Kaffee – und das auch bloß, weil die Kaffeetassen so schmal waren, daß sie den Kopf nicht hineinbrachte.

Was die Hefetabletten anging, so hatte ihr Anna offenbar unauslöschlich eingeprägt, wie

28

wichtig es sei, sie regelmäßig zu nehmen, wenn
sie eine große starke Katze werden wolle, die
sich von den Menschen nichts gefallen lassen
müsse. Aber man sah ihr den Widerwillen beim
Fressen an – sie verzog das Gesicht, biß mit of-
fenem Mund darauf herum, ließ halbzerkaute
Tabletten auf den Teppich fallen und leckte sie
wieder auf, wobei sie natürlich immer schmie-
riger und unappetitlicher wurden –, so daß wir
jeden Abend vier Stück vor sie hinlegten und
uns dann in die Küche verzogen, um das nicht
mit ansehen zu müssen.

# Hilfe! Kidnapper!

Sulka war etwa einen Monat bei uns, als ich im Auftrag meiner Firma verreisen mußte und darum eine Nacht nicht zu Hause sein konnte. Ich gestand das Charles erst am Abend zuvor; er schaute mich entsetzt an und fragte, wer sich dann um die Katze kümmere?

«Du natürlich», sagte ich heiter. «Das ist doch keine Kunst. Du gibst ihr einfach mittags zerkleinertes Kaninchenfleisch – Knochen dürfen natürlich nicht drin sein – Fisch zum Frühstück –, aber ja ohne Gräten, und laß ihn auch nicht überkochen; frische Erde ins Kistchen morgens und abends – wenn sie miaut und dich anschaut, als hätte sie es eilig, will sie sagen, daß sie auch zwischendurch neue Erde braucht; wenn sie naß geworden ist, mußt du sie abtrocknen; paß auf, daß sie nicht mit Mimi spielt, die möchte zu gern die einzige Siamkatze hier in der Gegend sein und wartet bloß auf eine

Gelegenheit, Sulka um die Ecke zu bringen, wenn's niemand sieht; gib acht, daß sie ihre Hefetabletten nimmt und nach Einbruch der Dunkelheit nicht mehr draußen ist; und sieh zu, daß sie nicht...»

In diesem Augenblick ertönte ein lauter Plumps und gleich darauf ein jämmerliches Wehgeschrei. Sulka hatte sich, seit sie aus dem Badezimmer verbannt worden war, nach einem neuen Schauplatz für ihre Heldentaten umgesehen, und jetzt war sie ins Klosett gerutscht. Sie hätte sich keine dümmere Zeit dafür aussuchen können. Wenn ich auch nur eine Sekunde im Ernst geglaubt hatte, Charles würde sich bereit erklären, auf sie aufzupassen, so war dieser Traum nun ausgeträumt. Er warf einen schnellen Blick auf das sich krümmende und plärrende Etwas, das ich da aus der Tiefe angelte, schüttelte sich und sagte, er habe eine Idee: Wir sollten meine Großmutter bitten, sie über Nacht zu behalten.

Meine Großmutter liebt Tiere sehr und kannte Sulka damals glücklicherweise noch nicht, so daß sich alles leicht einrichten ließ. Aber eines hatten wir nicht erwartet: daß Sulka nach ihrer ersten Ausfahrt ihre Meinung über das Autofahren gründlichst geändert hatte. Damals hatte sie gelassen auf meinem Schoß gesessen, den Verkehr draußen mit großen

Augen angestaunt und ab und zu süß zu mir
heraufgelächelt, die Heuchlerin.

Als ich jedoch am Morgen dieser Unglücks-
fahrt mit ihr eingestiegen war, fing sie auf meinem Schoß an zu schreien, noch ehe Charles
den Wagen anließ. Charles streichelte sie und
sagte, sie solle doch kein dummes Mädchen
sein. Nun, bei Sulka erreichte er mit diesem Be-
ruhigungsversuch gerade das Gegenteil. Als wir
den Berg hinauf waren und in die Überland-
straße einbiegen wollten, stand sie schon auf
den Hinterbeinen, schlug die Krallen gegen das
Fenster und kreischte um Hilfe. Charles meinte,
das Geräusch des ersten Ganges mache sie wild;
wenn wir erst auf ebenem Gelände wären,
würde sie sich beruhigen. Ich bezweifle nicht,
daß Sulka jedes Wort unserer Unterhaltung
verstand. Wir hatten die Hälfte des Weges zu-
rückgelegt, die Straße war schon seit Kilometern so flach wie ein Teller, und trotzdem fuch-
telten alle Fahrer beim Überholen empört zu
uns herüber und hätten Charles offensichtlich
am liebsten verprügelt, weil er ohne Zeichen zu
geben planlos hin und her kurvte. Charles seinerseits schrie, wir würden noch an einem Telegrafenmast landen, wenn ich die verfluchte
Katze nicht von seinem Genick entfernte.

Auf dem Heimweg war es dann fast noch
schlimmer. Doch zunächst mußten wir den

Kampf mit meiner Tante überstehen. Meine Großmutter war in ihrer Sorge um das Wohl der lieben Tiere immer schon ein bißchen zu weit gegangen. Als sie noch jünger war, hatte sie eine zahme Eule, die am liebsten oben auf der Badezimmertür saß. Mein Vater schwor, es habe infolge der offenen Tür oft so gezogen, daß das Badewasser Wellen schlug, und im Winter holte sich mein Großvater immer demonstrativ eine Sitzbadewanne vom Speicher und badete im Schlafzimmer. Aber das half alles nichts. Großmama wollte nun einmal nicht, daß die Tür geschlossen würde. Ihrer Ansicht nach konnten menschliche Wesen selbst für sich sorgen, die armen Tiere aber nicht. So blieb einem nur übrig, entweder ganz aufs Baden zu verzichten oder mit der Eule zu baden, die wie ein Gespenst auf einen herunterstarrte und womöglich auch noch ein Stück tote Maus in den Klauen hielt, das Großmama ihr fürsorglich hatte zukommen lassen.

Ich selbst kann mich noch erinnern, wie sie einmal, mit einem alten Sportwagen ausgerüstet und vor Empörung rot im Gesicht, die Treppe hinuntersauste, um einen Collie heimzuholen; man hatte ihr erzählt, irgend jemand habe ihn im Leihhaus versetzt. In Wirklichkeit hatte der Pfandleiher den Hund zu sich genommen, weil er mit einer Auslösung nicht rechnete und ihn

nicht verhungern lassen wollte. Er hatte auch
recht gut für ihn gesorgt. Aber es war unmöglich, meine Großmutter von der Vorstellung
abzubringen, daß man das arme Tier rücksichts-
los mit einem Zettel versehen und wie die anderen Pfänder gestapelt hätte. Sie fuhr den
Hund im Sportwagen nach Hause, erzählte un-
terwegs jedermann, er könne vor Schwäche
nicht laufen, und rührte die Leute zu Tränen
mit dem Schauerroman, wie sie das arme Tier
mit ihren eigenen Händen im Pfandhaus aus
dem Regal gehoben habe. Ich kann mich deshalb so gut daran erinnern, weil es noch vierzehn Tage lang mein Amt war, den Hund Bald-
win — natürlich hatte die Eule damals schon
längst ihre letzte Maus auf der Badezimmertür
verzehrt — täglich im Kinderwagen in den Park
zu fahren, damit er an die Luft komme. Und als
Großmama schließlich entschied, er sei nun
stark genug, um auf eigenen Füßen zu stehen,
war wiederum ich diejenige — Großmama
meinte, sie wisse, daß ich die armen Tiere
ebenso liebe wie sie und Gott werde mich dafür belohnen —, die man überredete, ihn zum
erstenmal auszuführen, und die auch prompt
die Suppe auslöffeln mußte, als er ohne zu zö-
gern in den ersten Kinderwagen sprang, der uns
begegnete, und es sich auf dem Baby bequem
machte.

Auch in späteren Jahren, als sie zu alt war, um sich noch selbst um die Tiere zu kümmern, ließ Großmama sich von ihren Überzeugungen nicht abbringen. Als wir zum Beispiel Blondin das erstemal bei ihr ließen, bestand sie darauf, daß Tante Luisa das Eichhörnchen mit in ihr Schlafzimmer nahm, weil es sich sonst einsam fühlen könne. Dabei hatten wir ausdrücklich versichert, es werde völlig zufrieden sein, wenn sie es mit seinem Korb und seinen Kletterästen im Gästezimmer unterbrächte.

Hätten sie ihn ins Gästezimmer gesperrt, so hätte Blondin sich's in seinem mit alten Pullovern ausgepolsterten Papierkorb aus unserem Gartenhaus gemütlich gemacht. Als er aber nun das bequeme Bett meiner Tante sah, konnte er nicht widerstehen. Er nahm sich eine Nuß, tauchte unter die Steppdecke und rührte sich nicht mehr vom Fleck. Nur klapperte er mit den Zähnen, sobald meine Tante sich rührte.

Am nächsten Tag beklagte sie sich darüber, aber meine Großmutter fragte nur unfreundlich, ob sie so ein Angsthase sei, daß sie sich vor einem unschuldigen kleinen Tierchen fürchte, das Trost bei ihr suche. Was konnte Tante Luisa anderes sein als ein Angsthase, nachdem sie fünfzig Jahre mit Großmama zusammengelebt hatte! Also teilte sie die nächsten vierzehn Tage ihr Bett mit Blondin und seinen Nüssen, schlief so gut wie gar nicht und entdeckte am letzten Morgen, daß Blondin es leid geworden war, unter der Steppdecke zu schlafen, wo es wohl ab und zu einmal zog. Er hatte ein Loch in den Bezug genagt und schlief selig und süß in der Decke drin. Das machte Großmama wütend; aber ich erinnere mich, daß die Wut sich nicht gegen Blondin richtete, sondern gegen meine Tante, die ihm das ihrer Meinung nach nicht hätte erlauben sollen.

Uns war klar, daß Großmama, wenn wir Sulka bei ihr ließen, meine Tante überreden würde, auch die Katze mit ins Bett zu nehmen, aber wir fanden das nicht weiter schlimm.

Sie schlief ja auch oft auf unserem Bett, obwohl wir ursprünglich ganz dagegen gewesen waren. Sie war noch keine Woche bei uns, als sie schon kapiert hatte, daß sie nur die Treppe hinaufzuschleichen brauchte, wenn sie hörte, daß die Wärmflaschen gefüllt wurden. Sie versteckte sich dann im toten Winkel unter dem Bett, um uns das Vertreiben unmöglich zu machen. War es dunkel im Zimmer, nahm sie an, wir seien allmählich eingeschlafen, und kroch heraus, kletterte aufs Bett und schmiegte sich so sanft in meine Arme, daß ich nicht das Herz hatte, sie fortzujagen.

Außer ihrem Schnarchen störte nur eines: Pünktlich um fünf Uhr morgens stand sie auf und wetzte ihre Krallen an der wattierten Wäschetruhe. Da aber meine Tante keine solche Truhe hatte, glaubten wir uns in diesem Punkt nicht sorgen zu müssen. Wie konnten wir ahnen, daß Sulka ausgerechnet während dieses Besuchs ihren Wollspleen entwickeln sollte?

Bei Siamkatzen kommen gewisse orientalische Charakterzüge nur ans Licht, wenn sie sich in einem weichherzigen Haushalt eine gesicherte Stellung errungen haben. Dann werden sie zum Beispiel oft eingefleischte Wollefresser. Das erfuhren wir aber erst später. Ein Züchter, der sich auf Katzenpsychologie versteht, erklärte uns, sie täten es seiner Ansicht nach, um sich zu trösten, wenn sie sich einsam fühlten, so wie Kinder etwa im Dunkeln Daumen lutschen. Tatsache ist, daß die Katzen, die wir jetzt haben und die ja zu zweit nie einsam sind, nur auf der Reise Wolle fressen. Da stecken wir sie nämlich getrennt in Körbe, und dann zieht sich Salomon, Sulkas großer, dicker Sohn, unweigerlich einen Zipfel der Autodecke durch das Weidengeflecht und kaut ihn unentwegt unter erstickten Seufzern, bis wir am Ziel sind.

Meine Tante freilich war keine Psychologin. Als sie damals hinauf in ihr Schlafzimmer ging und feststellte, daß Sulka mehrere große Löcher in ihre Bettsocken gefressen hatte, wurde sie einfach wütend, stopfte das Bettzeug rundherum ganz fest und ließ unser liebes kleines Kätzchen nicht zu sich ins Bett. Sulka war eine so unfreundliche Behandlung nicht gewohnt und wurde nun ihrerseits wütend, und so fand Tante Luisa, die immer wollene Wäsche trug, am Morgen Löcher auch in allen Kleidungsstükken, die sie über Nacht ausgezogen hatte. Meine Großmutter hatte nicht etwa Bedauern mit ihr, sondern schüttelte sich vor Lachen, als sie das hörte – und Sulka, die zur Verhütung weiteren Schadens ins Gästezimmer gesperrt worden war, verbrachte den Tag, indem sie aus vollem Hals abscheulich plärrte und durch die Türritzen Großmamas fettem schwarzen kastrierten Kater Fratzen schnitt, der vor Entsetzen wie angenagelt auf der anderen Seite der Tür saß. Auch das regte meine Tante auf.

Sie hatte solche Angst, die beiden Katzen könnten aufeinander losgehen und miteinander raufen, daß sie bei unserer Rückkehr spät am Abend vor Gewissensbissen schon ganz hysterisch war. Sie hatte nicht den Mut gehabt, die Tür zu öffnen und Sulka etwas zu fressen zu geben, und sie hatte auch nicht den Mut gehabt, das meiner Großmutter zu gestehen. Schweigend fuhren wir nach Hause, noch ganz erschüttert von diesem Zusammenprall einer kleinen Siamkatze mit einem ruhigen, viktorianischen Haushalt. Sulka setzte unterdessen auf dem

Rücksitz selig das Kidnappingspiel fort. Diesmal saß sie ganz ruhig und steif aufgerichtet da, die Pfötchen nebeneinander, den Schwanz säuberlich darumgelegt. Sobald sie aber ein erhelltes Fenster oder die Scheinwerfer eines vorüberfahrenden Wagens sah, sauste sie ans Fenster, drückte sich leidenschaftlich dagegen und schrie wie wild um Hilfe. Als wir in der belebten Stadtmitte an die Verkehrsampeln kamen, übertraf sie sich selbst. Es ist nicht ungewöhnlich, wenn auch ein bißchen unheimlich, daß Siamkatzen wie Babies schreien, doch in jener Nacht stach Sulka alle Siamkatzen und alle Babies aus, die ich je gehört habe. Sie schluchzte und heulte, bis die Leute auf dem Bürgersteig aufmerksam wurden und mit besorgten Gesichtern in den Wagen spähten, nach dem armen Waisenkind, das da offensichtlich geprügelt und gepeinigt wurde und obendrein noch am Verhungern war. Unnötig zu sagen, daß Sulka sich inzwischen unsichtbar gemacht hatte und ihre Bauchrednerkünste unter Charles' Sitz zum besten gab. Daß uns die empörten Passanten nicht anpöbelten, hatten wir nur dem Umstand zu verdanken, daß im letzten Augenblick das Licht von Rot auf Grün wechselte und Charles, der in seiner goldenen Jugend so was wie ein Rennfahrer gewesen war, wie aus der Pistole geschossen davonfuhr.

40

Wir nahmen Sulka nie wieder mit zu meiner Großmutter. Es war zu viel für Charles' Nerven. Als wir das nächstemal Urlaub machten, konnten wir sie in der Obhut einer Familie im Nachbardorf lassen. Die Leute hatten sich in sie verliebt, als sie einmal an unserem Garten vorübergingen und Sulka unschuldig dort spielen sahen. Wenn wir je verreisen wollten, sollten wir sie doch zu ihnen bringen; James, ihr Siamkater, würde sich freuen. Wir nahmen das Angebot sehr bereitwillig an. Im letzten Augenblick bekamen wir allerdings Gewissensbisse und riefen noch einmal an: Wir könnten eigentlich nicht verantworten, daß eine einigermaßen normale Familie unsere Katze zu sich nehme, und möchten lieber alles wieder rückgängig machen. Aber unsere neuen Freunde wollten nichts davon hören. James sei bis zum Alter von drei Jahren ein rechter Hansdampf in allen Gassen gewesen und habe schließlich kastriert werden müssen. Nun sei er neuerdings so scheinheilig geworden, und sie hofften, das Zusammensein mit Sulka werde ihm guttun.

Das war auch der Fall. Die Smiths hatten während der ganzen vierzehn Tage nur abends ihren Frieden, wenn Sulka und James zu feierlicher Beratung in einem alten Grammofongehäuse saßen, dessen Werk zur Reparatur gegeben worden war. Wenn man den Deckel

aufmachte, tauchten zwei Köpfe im Drehschei-
benloch auf – der eine mit römischem Profil,
dunkel, aristokratisch, sehr gut aussehend, der
andere klein, blau und ein bißchen schieläugig.
Vorwurfsvoll starrten sie den Störenfried an
und verschwanden wieder in der Tiefe. Dort
planten sie anscheinend den Unfug für den
nächsten Tag, der mit einem öffentlichen Hindernisrennen um fünf Uhr früh begann – Sulkas Idee natürlich; James stand sonst nie vor
Mittag auf – und sich bis zur Abendbrotzeit
steigerte. Dann erschienen sie beflissen und ma-
nierlich, sozusagen mit Mittelscheitel, nahmen
würdevoll ihre Mahlzeit zu sich und verschwanden wieder im Grammofon.

In der Zwischenzeit aber spielten sie verrückt.
Wir hatten vergessen, Smiths vor Sulkas Vor-
liebe für Wasser zu warnen. Sie hatte sich, ge-
horsamst gefolgt von James, schon dreimal in
den Fischteich gestürzt, ehe sie merkten, daß das
keine Unglücksfälle waren, und ein Drahtgitter
darüber spannten. Die ganze Familie und auch
noch der Briefträger waren nötig, um James
von einer 15 Meter hohen Tanne zu retten, wohin ihn Sulka gelockt und dann schreckerstarrt
hatte sitzen lassen, während sie selbst leichtfüßig davonglitt und ihn vom Rasen aus verspot-
tete.

Trotzdem glaubte James wunder was vollbracht zu haben, als er heil wieder unten war. Steifbeinig stiefelte er herum, schaute hinauf zum Baum und plärrte jedermann zu: «Guck, wo ich eben war!» Sulka betrachtete ihn indessen bewundernd mit sanften, großen Augen. Zum Dank stahl er für sie einen Pelzhandschuh von Frau Smith als Spielzeug und lehrte sie Löcher in den Garten graben.

Das war ein großer Fortschritt. Wir hatten immer wieder versucht, Sulka dazu zu bringen, ihr Geschäft im Garten zu verrichten, statt das Kistchen zu benutzen – ohne Erfolg. Jetzt plötzlich, unter der Anleitung ihres Freundes James, kapierte sie's. Wohlgemerkt: nicht wofür die Löcher da waren – hierzu unterbrach sie ihre Beschäftigung und rannte schnell ins Haus in die Kiste –, nur eben, daß Katzen Löcher graben. Den Rest der zwei Wochen buddelten sie und James so fleißig überall in Smiths Garten, daß er aussah wie ein Schlachtfeld, als wir aus den Ferien zurückkamen.

Aber den Smiths machte das nichts aus. Sie waren sehr langmütig, denn, wie sie sagten: Leute, die Siamkatzen halten, müssen so sein, wenn sie nicht verrückt werden wollen.

## Aufruhr im Tal

In jenem Sommer wurde es in unserem ländlich stillen Winkel laut, hörten wir bisher unbekannte Geräusche. Am lautesten und durchdringendsten war das Kreischen aufgestörter Fasane, die um ihr Leben liefen, und das Klirren, mit dem der Boden aus Shortys Käfig fiel.

Warum Sulka ausgerechnet Fasane jagen mußte, konnten wir niemals ergründen. Aber es war bezeichnend für sie: Sie wollte auffallen um jeden Preis. Wenn sie nur das geringste Geräusch im Unterholz jenseits der Straße hörte, sauste sie pfeilschnell los, ohne Rücksicht auf Verluste.

Einmal war gerade der Pfarrer zu Besuch und plauderte gemütlich mit uns. Sulka saß artig neben ihm – im nächsten Augenblick sah man nichts mehr von ihr als ein kleines weißes Hinterteil, das fünfzig Meter von uns im Dickicht verschwand, dem Schlachtfeld entgegen!

Glücklicherweise war der Pfarrer kurzsichtig und ein bißchen schwerhörig, so daß ihm das beängstigende Schauspiel entging, als wenige Sekunden später ein Dutzend Fasane Hals über Kopf aus dem Stechginster hervorbrach und bergauf flüchtete, Sulka mit Indianergeheul hinterdrein. Glücklicherweise verabschiedete er sich auch schon vor ihrer Rückkehr, so daß er nicht mitkriegte, wie Charles sie beschimpfte, als sie – ohne Beute zurückgekehrt – stracks ins Haus marschierte und Shorty von seinem Haken herunterboxte.

Jeder hat eine andere Methode, seine Wut loszuwerden. Kleine Jungen treten mit den Füßen gegen die Wand. Charles knallte mit den Türen – bis eines Tages Blondin um ein Haar seinen Schwanz eingebüßt hätte, als Charles ganz besonders erbost über die Regierung war. Seitdem hält er sich ans Rauchen, denn wenn man eine Tür nicht nur hinten und vorn, sondern auch noch oben inspizieren muß, ehe man sie zuschlagen kann, verschafft das nur mehr mäßige Befriedigung. Wenn Sulka irgendwas danebenging – ob sie nun vom Baum fiel, weil sie allzu sehr angegeben hatte, oder ob sie von Mimi eine Ohrfeige bezog, weil sie frech gewesen war – dann verschaffte es ihr ungemeine Genugtuung, Shorty herunterzuboxen.

Schließlich lernten wir, Vorsichtsmaßnah-

46

men zu treffen. Wenn wir sie den Weg herunterstapfen sahen, die Ohren flach an den Kopf gelegt und den Schwanz steif weggestreckt wie einen Feuerhaken, eilten wir schnell ins Haus und sperrten Shorty ins Badezimmer. Manchmal waren wir allerdings nicht zur Stelle, wenn ihr etwas schiefging, und erst das Getöse und Glöckchengebimmel beim Sturz des Käfigs informierte uns über den neusten Stand der Dinge.

Verletzt wurde Shorty nie. Nach den ersten paar Stürzen errechnete Charles mit mathematischer Genauigkeit, wo der Vogelbauer landen würde, und wir stellten einen Lehnsessel dorthin, den wir nie wegrückten. Aber Shorty wurde natürlich immer furchtbar wütend. Wenn wir zur Rettung herbeistürzten, fanden wir die beiden stets in der gleichen Stellung vor: Sulka auf der Seitenlehne des Sessels, die Nase gegen die Gitterstäbe gepreßt, gab alle Schimpflaute von sich, die sie Mimi gegenüber nicht zu äußern wagte, und Shorty, der sich wohlweislich in der Mitte des Käfigs hielt, hüpfte aufgeregt tschilpend auf und ab.

Der einzige Schaden – den unserer Nerven abgerechnet –, den Sulka damit verursachte, war, daß der Vogelkäfig so aus der Form geboxt wurde, daß schließlich der Boden herausfiel und wie die Feuerschutzgitter mit Bindfaden neu befestigt werden mußte. Trotzdem fiel er jedesmal heraus, wenn Sulka den Käfig herunterschlug; da dieser aber stets genau im Lehnsessel landete, wurde Shorty nicht verletzt und genoß jeweils das Nachspiel, wenn Sulka postwendend trotz lautem Wehgeschrei nach Anna und dem Tierschutzverein versohlt wurde.

Sulka war nicht eigentlich boshaft – das wurde uns im Lauf der Monate klar. Sie war nur eben eine Siamkatze. Es dauerte nicht lange, bis wir feststellten, daß Besitzer von Siamkatzen fast auf den ersten Blick an ihrem gequälten Gesichtsausdruck zu erkennen sind und an der Art, wie sie bei unerwarteten Geräuschen zusammenzucken. Alle können sie aus eigener Erfahrung haarsträubende Geschichten erzählen. Da war zum Beispiel Bodo am anderen Ende des Dorfes: Er ging einfach in anderer Leute Häuser, stahl alles, wovon er glaubte, es könne seiner Herrin gefallen, und brachte es ihr nach Hause. Seiner Eigentümerin war das schrecklich peinlich, und sie verbrachte viele kummervolle Stunden damit, den rechtmäßigen Besitzern die Liebesgaben wieder zurückzubringen, bei denen es sich ebensogut um ein Paar ungewaschene Socken handeln konnte wie um eine Packung Cremewaffeln.

Aber auch sie war am Ende ihrer Weisheit,

als ihr Siamkater einmal mit einem nagelneuen Strang gelber Wolle heimkam, den niemand vermißte, und ihn am nächsten Morgen durch einen vollständigen Pulloverärmel in der gleichen Farbe ergänzte. Das Geheimnis wurde erst enthüllt, als Bodo am dritten Tag den Rest der Strickerei samt Stricknadeln anschleppte und man den nachtrudelnden Wollfaden durch zwei Hecken, rund um einen Teich und eine Gasse entlang bis zu einem Bauern verfolgen konnte, dessen Frau über das Wochenende weggefahren war und infolgedessen das Strickzeug nicht vermißt hatte. Wie alle Verbrecher hatte Bodo «seinen» Fehler gemacht und den Knäuel am Tatort zurückgelassen.

Dann war da Basil, der – vielleicht weil er an Alpdrücken wegen seines unglückseligen Namens litt – jedesmal, wenn Besuch kam, nach oben lief und mit dem Badeschwamm wieder herunterkam. Das klingt recht harmlos, aber es kann einem schon auf die Nerven gehen, wenn man in ein fremdes Haus kommt, wo ewig ein Badeschwamm mit einer Katze dran herumschleicht. Mindestens zwei Bekannte, die mit den Eigenheiten von Siamkatzen nicht vertraut waren, stellten ihre Besuche ein.

Weiter gab es Horaz, der unentwegt dem kleinen Nachbarskind den Hampelmann stahl – auch dann noch, als ihm seine Herrin den genau

49

gleichen kaufte. Derselbe Horaz liebte einen Treppenläufer, den er monatelang angestrengt bearbeitet hatte. Als seine Herrin das Haus in zwei Wohnungen aufteilen und ihr Stockwerk durch eine neue Tür abtrennen ließ, heulte er zwei Tage und härmte sich ab, bis sie die Tür versetzen ließ und er wieder bei seinem geliebten Teppich sein konnte.

Dann gab es noch . . . aber warum fortfahren? Verglichen mit anderer Leute Katzen war Sulka so unschuldig wie ein von Botticelli bemalter Engel — auch wenn sie gerade alle Tulpen geköpft hatte, weil sie sie für Schmetterlinge hielt.

Charles meinte, alles Unheil komme bei ihr von überschüssiger Energie, und wenn wir mit ihr spazierengingen, so würde sie die vielleicht abbauen. Am Anfang ging das gut. Als wir das erstemal mit ihr einen Spaziergang über die Hügel machten, war sie so überwältigt, daß sie fünf Kilometer lang großäugig durch die neue fremde Welt spazierte, ohne einen Ton herauszubringen. Und als sie nach Hause kam, war sie so müde, daß sie einschlief, ohne auf ihr Abendbrot zu warten.

Aber Sulkas Vater hieß nicht umsonst Cäsar. Nach wenigen Ausflügen war sie diejenige, die uns, den Schwanz steil aufgestellt wie ein Schlachtenbanner, die Hügel hinaufführte, und Charles — der sie praktisch auf jedem Spaziergang aus irgendeiner Todesgefahr erretten mußte — sank nach jedem Ausflug ermattet in einen Sessel und brauchte einen Kognak.

Immer wieder mußte er hinter ihr her auf Bäume klettern. Nicht etwa, weil sie nicht selbst hätte heruntersteigen können, sondern weil sie es liebte, von Bäumen gerettet zu werden. Sie kam sich dann so zart und schutzbedürftig vor. Einmal jagte sie einen Fuchs. Das heißt, es war eine Füchsin mit einem Jungen. Von dem Augenblick an, wo Sulka das Maul aufgerissen und «halt!» geblökt hatte, versuchte die Füchsin natürlich ihr Junges so schnell wie möglich aus der Reichweite dieses fürchterlichen Geschöpfes mit himmelblauen Augen und Eselsstimme zu bringen. Trotzdem starb ich ein Dutzend Tode, bis Charles Cäsars Tochter — unversehrt, doch wie ein Waschweib schimpfend — aus dem Brombeerdickicht herausgefischt hatte, in dem ihr schließlich die Beute entkommen war.

Eines schrecklichen Abends, als sie ihre neugierige Nase hinter einen Heuschober steckte, brachte sie ein Liebespaar in Verlegenheit. Uns war das besonders peinlich, weil der junge Mann gelegentlich bei uns aushalf und ein Freund von Sulka war, so daß sie sich nicht wie sonst bei Fremden mit einem scheelen Blick begnügte und ihres Weges ging, sondern sich prompt hinsetzte und anfing, nach uns zu schreien: Kommt und seht, was ich hier gefunden habe, den netten jungen Mann, der unsern Brunnen in Ordnung gebracht hat! Wir mußten sie schließlich am Kragen packen und fortschleppen. Wir waren alle schrecklich verlegen, und das junge Mädchen, das ihr Gesicht hinter dem Rockaufschlag ihres Freundes verborgen hatte, war so verwirrt, daß sogar ihr Nacken rot angelaufen war. Sulka merkte nichts davon. Wie ein Sack Kartoffeln hing sie über Charles' Schulter und rief immer noch Grüße nach rückwärts, als wir schon längst außer Sichtweite waren. Als der junge Mann das nächste Mal bei uns arbeitete, rannte sie ihm gleich entgegen und fing so aufgeregt zu plappern an, daß es gar keinen Zweifel gab, wovon sie sprach. Er wurde denn auch auf der Stelle über und über rot.

Uns wurde langsam klar, warum die Leute ihre Siamkatzen an der Leine ausführen. Nicht zum Schutz der Katzen, sondern zum Schutz der Öffentlichkeit. Als wir das nächste Mal in die Stadt kamen, kauften wir auch eine Leine für Sulka.

Der Erfolg war ebenso aufregend wie unerwartet. Sobald wir Sulka an die Leine nahmen, sprang sie auf und ab wie ein Jojo, schrie, als wollten wir sie in Ketten legen, klammerte ihre Hinterbeine um ihre Ohren und kriegte mitten auf dem Rasen einen hysterischen Anfall. An-

dere Siamkatzenbesitzer konnten wohlgefällig
auf ihre Tyrannen schauen: auch wenn sie in
vieler Hinsicht reif für den Psychologen waren
— im Geschirr saßen sie doch wenigstens wie
schlitzäugige Buddhas da. Sie empfahlen uns
durchzuhalten. Nun, wir haben durchgehalten!
Wir haben so lange durchgehalten, bis wir
selbst beim bloßen Gedanken an einen Spaziergang mit Sulka beinahe einen Anfall kriegten —
aber an ein Geschirr gewöhnen konnten wir sie
trotzdem nicht. Damit wir unseren Mitmen-
schen trotzdem noch in die Augen schauen
konnten, ließ sich Sulka schließlich herbei,
einen Kragen zu tragen, der an einer besonders
leichten Leine befestigt war. Aber nicht um den
Hals. Nein, um die Mitte, so daß sie aussah wie
eine Bauchtänzerin. An dieser Stelle war der
Kragen, wie sie und wir genau wußten, eigentlich nutzlos. Sobald sie etwas Jagdbares entdeckte, schlüpfte sie mit den Hinterbeinen raus,
und weg war sie.

Ein Gedanke tröstete uns diesen langen, kata-
strophenreichen Sommer hindurch: daß Sulka
älter werden und selbst Kinder haben würde. Es
hatte eine Zeit gegeben, wo wir uns auf die
Jungen freuten, weil wir Kätzchen so gern
mochten — und natürlich auch, weil wir hofften,
uns nach ein paar Würfen zur Ruhe setzen zu
können, wenn wir die einzelnen Kätzchen un-

gefähr zu dem Preis verkaufen konnten, den wir für Sulka bezahlt hatten. Wir hofften unterdessen inständig, daß sie durch die Jungen vielleicht zur Vernunft käme.

Oben im Dorf erhoffte Vater Adams dasselbe sehnlichst für Mimi, stieß aber auf unerwartete Hindernisse. Nach Mimis anfänglichen Versuchen, mit dem Kater aus dem Gut durchzubrennen, hatte Vater Adams strengste Vorkehrungen zur Bewahrung ihrer Tugend getroffen. Beim ersten Miauen, aus dem sein besorgtes Ohr einen Unterton von Leidenschaft zu hören glaubte, bei der ersten Andeutung eines wollüstigen Umherwälzens wurde Mimi, die vielleicht nur ein Staubbad nehmen wollte, mit ihrem Kistchen im Speicher eingeschlossen, bis jegliche Gefahr vorüber war.

Alle Nachbarn waren erleichtert, als Mimi endlich ein Jahr alt wurde und Vater Adams sich aufmachte, einen passenden Gatten zu finden. Sein erster Schock – und zwar gleich ein sehr handfester – war die Entdeckung, daß meilenweit jeder Siamkater kastriert war. Seinen zweiten erlitt er, als er nach einer fünfzehn Kilometer langen Radfahrt bei einer Katerbesitzerin feststellte, daß diese Dame eine horrende Deckgebühr verlangte. Vor der Fahrt hatte er sie bis in den Himmel gehoben, weil sie so anständig war, eine Katze zu lassen, wie die Natur sie

54

geschaffen hatte; als er den Preis hörte, traf ihn fast der Schlag. Seiner Ansicht nach war es zwar völlig in Ordnung, wenn er selbst durch den Verkauf von Mimis Jungen ein hübsches Sümmchen verdiente – er hatte uns schon anvertraut, daß er mit ihr mehr Geld machen wollte als mit der kommenden Erdbeerernte –, daß man aber für die Dienste eines Katers eine Gebühr erheben wollte, das grenzte für ihn an Unsittlichkeit. «Nur eine alte Jungfer kann auf so eine Idee kommen, und ich will mich hängen lassen, wenn ich so was unterstütze!» schimpfte er, als er zurückkehrte.

Mimi schrie also in ihrem Speicher weiterhin wie toll ihre unerfüllte Leidenschaft in die Welt hinaus, und ihr Besitzer weigerte sich hartnäckig, für einen standesgemäßen Gatten Geld auszugeben, und ließ auch nicht zu, daß sie um des lieben Friedens willen sich mit dem Bauernkater paaren konnte. Wir hielten Vater Adams stundenlange Vorträge über Vererbungslehre, konnten ihn aber nicht von seiner Überzeugung abbringen, daß Mimi, wenn sie einmal «fremdgegangen» wäre, wie er das taktvoll ausdrückte, nur noch scheckige Kätzchen zur Welt bringen würde. Der Himmel weiß, was noch passiert wäre, wenn nicht Vater Adams zu diesem kritischen Zeitpunkt den Arzt gewechselt hätte.

Er wechselte übrigens immerzu die Ärzte.

55

Seit wir ihn kannten, hatte er schon zwei neue ausprobiert. Den ersten wollte er nicht mehr, weil er schnelle Sportwagen fuhr. Als nämlich die Krankenkassenbeiträge erhöht wurden, führte Vater Adams das ganz unmittelbar auf den Benzinverbrauch des Doktors zurück. Den zweiten verließ er vermutlich, um reinen Tisch zu machen, denn damals wechselte er auch den Zahnarzt, weil er Probleme hatte mit seinem Gebiß.

Nun hatte er wieder einen neuen Arzt, und zwar einen, der sich gerade erst im Nachbardorf niedergelassen hatte. Vater Adams hatte ihn schon am ersten Tag aufgesucht und meinte, er sei ein tüchtiger, netter junger Mann, der sich mit seinem Rheumatismus bestens auskenne. Es war – wir sahen das ein – reiner Zufall, daß er einen unkastrierten Siamkater namens Ajax besaß. Es war auch reiner Zufall, daß Vater Adams, als Mimi das nächste Mal läufig war, einen so heftigen Rheumatismusanfall hatte, daß er das Bett nicht verlassen konnte und den neuen Doktor kommen lassen mußte.

Er war wirklich ein verständiger junger Mann. Sobald er Mimi auf dem Speicher kreischen hörte und die traurige Geschichte ihrer unerwiderten Liebe erfuhr, kehrte er um und holte Ajax.

Außerdem muß er auch ein guter Arzt gewe-

56

sen sein, denn am gleichen Abend war Vater
Adams' Rheumatismus so viel besser, daß er triumphierend zur «Goldenen Rose» hinunter-
humpeln konnte.

## Nichts als Scherereien

Sulka wurde zum erstenmal im September läufig, als wir uns in Schottland aufhielten und sie wieder einmal bei den Smiths wohnte. Wir hatten das befürchtet. Nach unserem Buch konnten frühreife Siamkatzen schon im zarten Alter von vier Monaten so weit sein, und da Sulka inzwischen sieben Monate alt geworden und so frühreif war, daß man manchmal fast verrückt wurde, war es ganz klar, daß sie nur den richtigen Moment für ein effektvolles Debüt abwartete.

Mit James' Hilfe arrangierte sie die ganze Sache großartig. Sie gab ihren ersten Schrei von sich, als die Smiths gerade mit Gästen an einer festlichen Tafel saßen, und jagte der ganzen Gesellschaft – sich selbst nicht ausgenommen – einen unheimlichen Schrecken ein. Smiths, die gleich wußten, was los war, hatten eben die ängstlicheren Gäste über diesen scheinbaren Anfall von Tollwut beruhigt, als Sulka zum zweitenmal schrie, noch lauter als vorher. Daraufhin – so berichteten sie uns, und ihre Augen bekamen bei der Erinnerung noch einmal einen glasigen Schimmer – war ihr Siamkater James, der ihre Stimme durch die Schleier des Schlafes hörte und für den Augenblick sein Eunuchentum vergaß, ritterlich aus dem Grammofon gesprungen, um ihr auf dem Kaminteppich den Hof zu machen. Sulka aber war voller Schrecken die Stehlampe hinaufgesaust, die prompt zwischen den Koteletts landete.

Es sprach wahrhaftig für die Smiths, daß wir selbst nach diesem Ereignis Freunde blieben. Sie wollten uns nicht einmal die Lampe bezahlen lassen. Allerdings warnten sie uns: Sulka sei das Musterbeispiel eines sogenannten «Schreiers». Sie hatten sie schließlich in ihr Gästezimmer sperren müssen. James durfte sie zwar besuchen, so oft er wollte, und es gelang ihm auch, sie nach ein paar Tagen davon zu überzeugen, daß es im Leben außer der Liebe noch einiges andere gebe, aber sie konnten in der Zeit im Haus ihr eigenes Wort nicht verstehen. Dann tauchte sie wieder auf, sanfter als je zuvor, trank einen Krug Milch, um ihre Kehle zu kühlen, und zog glücklich mit James zum Löchergraben in den Garten ab.

Es dauerte noch eine Weile, bis wir selbst sie zu hören bekamen. Nach ihrer ersten Anstrengung machte sie eine so lange Pause, daß wir schon fast mißtrauisch wurden. Diese Mondscheinnächte im Oktober, in denen sie sich geweigert hatte hereinzukommen und wir ohne sie schlafen gegangen waren! Wir hatten keine Ruhe gefunden, weil wir an Füchse und Dachse denken mußten, bis sie dann um Mitternacht herum laut schreiend die Treppe heraufgestürmt kam: sie habe ja keine Ahnung gehabt, wie spät es sei, und warum wir sie denn nicht gerufen hätten. War sie etwa einfach in den Wald spaziert und, gerade als sie den Mund zum ersten zaghaften Schrei aufmachte, schon irgendeinem Don Juan aus der Katerwelt in die Arme gelaufen? Oder hatte sie – was schon eher zu Sulka gepaßt hätte – ihre Liebesrufe zurückgehalten und sich entschlossen aufgemacht, sich selbst einen Kater zu suchen, da sie ja nach ihren Erfahrungen im Hause Smith erwarten mußte, daß wir sie beim geringsten Quiekser in unserer Hörweite unweigerlich einsperren und ihr den ganzen Spaß verderben würden?

Sulka wußte es – aber sie schwieg. Im Verlauf der nächsten Wochen betrachteten wir sie immer argwöhnischer. Zweifellos wurde sie dicker – aber das konnte natürlich auch davon kommen, daß sie nun allmählich kein Kätzchen mehr war. Sie jedenfalls kümmerte sich nicht um unsere Vermutungen und lächelte nur

61

spröde oder streckte sich, damit wir sie besser anschauen konnten. Fragten wir sie eindringlich, was sie angestellt habe, so antwortete sie mit einem zarten, verzückten Maunzen bei halbgeschlossenen Augen.

Weihnachten kam heran, und wir hatten keine Zweifel mehr. Während oben im Dorf Vater Adams sich die Hände rieb und in bester Laune alle Vorbereitungen für das frohe Ereignis bei Mimi traf, schüttelten wir unsere Häupter vorwurfsvoll über Sulka und richteten uns darauf ein, ihren Fehltritt möglichst zu vertuschen.

Aber alles kam ganz anders, als wir gedacht hatten. Mimi hatte zu Vater Adams' Ärger eine Scheinschwangerschaft und lieferte überhaupt keine Kätzchen, während Sulka, außer sich vor Vergnügen, weil sie uns so zum Narren gehalten hatte, am ersten Weihnachtsfeiertag läufig wurde und wie eine Löwin brüllte. Anscheinend wirkten Familienfeste bei ihr immer in dieser Richtung. Nachdem sie eine Portion Truthahn gefressen hatte – ich werde nie ihren ehrfurchtsvollen Gesichtsausdruck vergessen, als sie zum erstenmal einen Truthahn sah; man merkte, wie sie sich im Geist sofort verächtlich von den Fasanen lossagte – lief sie schnell einmal in den Wald, um zu sehen, ob es dort vielleicht noch mehr Truthähne gäbe, dann ergötzte

62

sie sich an einem Spielchen Domino, das sie gewann, indem sie alle Steine auf den Boden fegte – und plötzlich warf sie sich auf den Rücken und brach in Gesang aus. Mein Schwager schaute sie erschrocken an und fragte, was ihr fehle. Da die Kinder im Zimmer waren, zwinkerte ich ihm zu und sagte: «Nichts. So ist sie manchmal, wenn sie sich erregt hat.» Unsere neunjährigen Zwillingsneffen schauten einander entsetzt an, legten ihr Würfelspiel beiseite und erklärten uns, so schrien die Katzen, wenn sie ein Männchen haben wollten.

Smiths hatten recht. Sulka war ein Ausbund an Lautstärke und Ausdauer. Sie hatte immer eine mächtige Stimme gehabt, sogar für eine Siamkatze, aber ihr Liebesgesang war eine Höllenqual. Tagsüber verfolgte sie uns im Haus auf Schritt und Tritt, kreischte und warf sich hoffnungsvoll auf den Rücken, sooft wir zu ihr hinschauten. Nachts tobte sie im Gästezimmer umher und schrie noch gellender und wütender als sonst, weil wir diesen Lärm in unmittelbarer Nähe einfach nicht ertragen konnten und sie deshalb nicht zu uns ins Bett ließen. Am Morgen nach dem zweiten Feiertag konnten wir es nicht länger aushalten. Charles, der alle Siamkatzen unter lautem Fluchen in die Hölle wünschte, trug sie hinunter und sperrte sie ins Badezimmer.

Unser Haus ist alt, und das Badezimmer liegt im Erdgeschoß und ist durch eine halbmeterdicke Steinmauer von dem eigentlichen Gebäude getrennt. Das Kreischen war jetzt angenehm gedämpft, und als es nach einer Weile ganz aufhörte, seufzten wir erleichtert auf: Sulka ist nicht dumm – sie weiß, wann sie den kürzeren gezogen hat. Zum erstenmal seit zwei Tagen hofften wir auf etwas Schlaf.

Doch keine Sekunde später erhob sich im Garten ein solches Schlachtengetöse, daß wir beinahe aus den Betten fielen. «Sulka!» schrie ich auf und flog mehr als ich ging durchs Zimmer und die Treppe hinunter. «Schnell!» drängte Charles, der sich nichtsdestoweniger erst Hausschuhe anzog und seinen Morgenrockgürtel zuband, ehe er hinter mir herschoß.

Aber Sulka war in Sicherheit. Sie war nicht – was wir ihr nachgerade zugetraut hätten – durch den Ventilator rausgekommen und hatte auch nicht das Fenster mit einem Brecheisen aufgestemmt. Sie saß im Badezimmerfenster wie die Königin über einem mittelalterlichen Turnierplatz und verdrehte selbstgefällig und zufrieden die Augen, während draußen in den Rosen zwei Kater um ihre Gunst kämpften.

Eine Woche lang hielt ihr Zustand an, und Nacht für Nacht fand eine Katerschlacht vor dem Badezimmerfenster statt. Vierzehn Tage

64

später fing sie schon wieder an zu singen. Wir
hatten mit ihrer Paarung bis zu ihrem ersten Ge-
burtstag warten wollen, aber das war mehr, als
ein Sterblicher ertragen konnte. So wurde Sulka
im zarten Alter von elf Monaten Braut, und
zwar mit großer Begeisterung.

Da der Siamkater der unverheirateten Dame
unserer Ansicht nach einen zu plumpen Kopf
hatte und Ajax mit einem ganz unromantischen
Abszeß im Ohr zu Bett lag, wurde ein Kater namens Rikki von einer Siamkatzenfarm, die über
fünfzig Kilometer von uns entfernt lag, Sulkas
Gatte. Rikkis Besitzer sagten, sie sei den meisten
Katzen, die sie je gesehen hätten, weit voraus.
Eine der lautesten sei sie auch, meinten sie.
Normalerweise dauert es vier Tage, bis man sicher sein kann, daß es bei jungen Kätzinnen, die
oft ängstlich sind, geklappt hat. Aber uns riefen
sie schon am zweiten Tag an und sagten, es be-
stehe kein Zweifel bei Sulka, und wir möchten
sie doch bitte so bald wie möglich abholen, weil
sie alle anderen Katzen störe. Außerdem zeige
Rikki alles andere als männliche Triumphge-
fühle, trotte mit verstörtem Blick umher und
fahre jedesmal zusammen, wenn er ihre
Stimme höre.

Das hätten wir also hinter uns, und nun würden wir doch hoffentlich ein bißchen Frieden
haben, dachten wir, als wir an jenem Abend ab-

gespannt nach Hause fuhren und Sulka auf dem Rücksitz immer noch krampfhaft nach ihrem geliebten Gatten schluchzte. Wir sollten sie noch ein paar Tage im Hause halten, hatte man uns gesagt, sonst würde sie sich trotz aller ehelichen Treueschwüre möglicherweise mit dem Gutskater trösten und doch noch Bastarde zur Welt bringen.

Wie immer warf Sulka alle unsere Berechnungen über den Haufen. Nach der geräuschvollsten Hochzeit in der Geschichte der Katzenzucht verlegte sie sich auf eine Schwangerschaft, die nicht komplizierter hätte sein können. Zunächst einmal entwickelte sie Morgenübelkeit, nachdem sie zwei Tage lang mit feuchten Augen Rikki nachgetrauert hatte – länger konnte sie darauf nicht verwenden, denn sie hatte ja nur neun Wochen Zeit für alles, was dazugehörte. Vielleicht schämte sie sich auch, wenn sie an ihr Benehmen in der Katzenfarm dachte. In der Folge fraß sie überhaupt nichts mehr, saß als zartes, gebrechliches Wesen herum und schwankte mit geschlossenen Augen hin und her. Schließlich bekam sie hohes Fieber, und das Ganze endete mit einer dramatischen Fahrt durch einen Schneesturm, weil Sulka Streptomycininjektionen bekommen mußte. Der Tierarzt meinte mit einem gefühlvollen Blick in ihre traurigen blauen Augen:

«Wenn man Tiere liebt, machen sie einen zum Sklaven.» Wie recht er hatte, konnte er nicht ahnen: Mitten in der Nacht bekam Sulka plötzlich wieder Appetit und mußte ausgerechnet auf Charles' Kopfkissen mit Krabbenpaste gefüttert werden. Die Appetitlosigkeit hatten wir also überwunden, und nun entwickelte sie plötzlich eine Leidenschaft für Marmeladetörtchen. Marmeladetörtchen mußten es sein, obwohl sie die Marmelade nie mitfraß, und gestohlen mußten sie auch sein. Gaben wir ihr nämlich eines, so rülpste sie ganz ungeniert und ging ihres Weges. Fühlte sie sich aber unbeobachtet, so konnte sie täglich einen ganzen Teller voll vertilgen. Sie stahl sie aus der Speisekammer und schleppte sie ins Badezimmer, wo sie säuberlich die Teigränder abfraß. Die Mittelstücke blieben auf dem Fußboden liegen, wo Charles einmal zerstreut darauftrat und die Füllung in der ganzen Wohnung herumtrug.

Wünschte sie, daß ihre Kinder alle dunkel gezeichnet waren wie Rikki, ein wahrer Yul Brynner unter den Katzen, mit mächtigen schwarzen Schultern und einem keilförmigen Kopf? Jedenfalls trank sie mehr Kaffee, als man einer Katze zugetraut hätte, und schließlich gewöhnte sie sich aus einem unerfindlichen Grund an, Papier zu kauen; eine Gewohnheit, die uns ernstlich in Verlegenheit brachte, als sie

eines Tages Tante Ediths Telegramm fraß.
Wenn Charles' Tante Edith beschlossen hatte,
ihre Verwandten zu besuchen, teilte sie ihre be-
vorstehende Ankunft immer telegrafisch mit:
Auf diese Weise hatte die Familie keine Chance
zu entkommen. Da wir, wie sie immer sagte,
hinter den sieben Bergen wohnten, enthielt in
unserem Falle das Telegramm auch die An-
kunftszeit des Zuges, damit Charles zum Bahnhof hinüberfahren und sie abholen konnte.

Nun stand sie plötzlich in einer kalten Regennacht wie vom Himmel gefallen vor unserer
Tür, schaute uns über den Rand ihres triefenden
Klemmers grimmig an und verkündete, sie habe
nicht nur am Bahnhof eine volle Stunde vergeblich warten, sondern auch ein Taxi nehmen
müssen, das noch dazu am Ende der Dorfstraße
eine Panne gehabt habe. (Fred Ferrys Methode
bei Leuten, die nicht Bescheid wußten; er
dachte gar nicht daran, sein Fahrzeug von unseren Schlaglöchern strapazieren zu lassen, wenn
es nicht unbedingt sein mußte.) Uns war klar,
daß wir das jetzt ausbaden mußten.

Sie wollte nicht glauben, daß wir das Telegramm nicht bekommen hätten. Sie habe es ab-
geschickt, sagte sie, und damit basta. Es half auch
nichts, daß Charles bei der Post anrief – ziemlich wütend, um Eindruck auf Tante Edith zu
machen – und fragte, was zum Kuckuck sie mit

dem Telegramm angefangen hätten. Der Postvorsteher, ein temperamentvoller Herr, fragte zurück, was zum Kuckuck uns eigentlich einfalle? Unter die Tür geschoben habe er's, er selbst, weil er gerade einen Spaziergang in unserer Nähe gemacht habe, und dabei habe ihm so ein Katzenvieh die Hand zerkratzt. Und dann wollte er noch wissen, warum wir keinen Briefkasten hätten wie gewöhnliche Sterbliche.

Natürlich haben wir einen Briefkasten, an der Küchentür, und der Briefträger weiß das auch. Charles hatte ihn von der Haustür dorthin verlegt, nachdem sich Blondin eines Tages beinahe enthauptet hatte, weil er neugierig seinen Kopf durch die Klappe steckte und ihn nicht mehr herausbrachte. Wenn das Telegramm versehentlich unter die Haustür geschoben worden war, erklärte Charles dem erstaunten Postvorsteher, dann konnte nur eins passiert sein: Unsere Katze mußte es gefressen haben.

So war es auch. Während sie wie ein Feldherr vom oberen Ende der Treppe den Verlauf der Dinge beobachtete und Tante Edith am unteren Ende in stummer Pose auf eine Erklärung wartete, fanden wir das verräterische Beweisstück — eine durchnäßte, völlig zerkaute Ecke des Umschlages — unter dem Stuhl in der Diele. Was dann weiter geschah, grenzte ans Wunderbare. Tante Edith hatte unsere Tiere nie recht ge-

69

mocht, seit Blondin, ohne sich etwas dabei zu denken, ihr ein kleines warmes Bächlein den Rücken hatte hinunterlaufen lassen, als sie im Sessel eingenickt war – das schlage, sagte sie damals eisig, nun wirklich dem Faß den Boden aus. So wollte sie auch jetzt gerade ihrem Groll energisch Luft machen, da stand Sulka auf und kam langsam die Stufen herab. Sie war nun schon sehr rund geworden, was sie allerdings kaum zu behindern schien. Erst in der vergangenen Woche war sie auf der Jagd nach einem Vogel quer durch den Garten in ein Frühbeet gestürmt und hatte sich die Nase zerschnitten. Nicht schlimm – gerade soviel, daß sie ein paar Tage lang noch mehr schielte als sonst, wenn sie auf ihre Narbe hinabschaute. Sie kletterte auch immer noch auf die Bäume, und wenn das jemandem schlecht bekam, so war es höchstens Charles, der jedesmal aufstöhnte und sich die Haare raufen wollte, wenn sie die erhoffte kostbare Fracht junger Kätzchen gegen einen Ast schlug.

Wir trauten unseren Augen nicht, wie sie jetzt auf einmal müde die Treppe herunterkroch, als könne sie sich kaum auf den Füßen halten. Sie schaute Tante Edith kläglich in die Augen und mauzte «Wäääääh!».

Es kann ja sein, daß ihr wirklich nicht gut war. Vielleicht hing es mit dem bewußten gelben Briefumschlag zusammen. Jedenfalls hatten wir diesmal für die Zeit des Besuchs nichts mehr zu befürchten. Nachts schlief Tante Edith mit Sulka und hielt sie liebevoll an sich gedrückt, und tagsüber hätschelte sie sie auf dem Schoß, streichelte sie zärtlich und bedauerte sie wegen ihrer bösen Herrschaft, die den armen kleinen Liebling so habe ausnutzen lassen.

Wir machten uns nichts daraus. Zum erstenmal seit Monaten hatten wir ein bißchen Ruhe – und das wollte viel heißen – mit Sulka *und* Tante Edith im Hause.

## Einzug der Gladiatoren

Ende März bekam Sulka ihre Jungen. Nach einem aufregenden Abend, an dem wir sie immer wieder dazu bringen wollten, in einer mit Zeitungspapier ausgelegten Pappschachtel zu bleiben – wie das Katzenbuch empfahl –, sie aber ebenso beharrlich immer wieder aus der Schachtel stieg und die Treppe hinaufmarschierte, die Ohren angelegt vor Ärger über diesen komischen Einfall, kamen sie kurz nach Mitternacht zur Welt. Auf unserem Bett – hier oder nirgends, fand Sulka – und Charles und ich saßen rechts und links von ihr, mit dem Katzenbuch in der Hand, und warteten ängstlich auf Komplikationen.

Es gab keine. Es ging alles ruhig, rasch und richtig, wenn man davon absieht, daß das letzte Junge nur halb so groß war wie die drei anderen – und daran war sie selbst schuld, wie Charles ihr klarmachte: er habe sie oft genug gewarnt bei ihren waghalsigen Kletterpartien. Auf lange Zeit hinaus war dies das letzte Mal, daß in unserem Hause noch irgend etwas in Ruhe geschah. Der nächste Morgen schon sollte uns die bittere Erkenntnis bringen, daß Sulka, die niemals etwas halb tat, beschlossen hatte, die ideale Mutter zu werden.

Für uns kam eine Zeit, in der wir alle unsere Sünden abbüßten. Während der ersten Tage verließ sie die Jungen nur für kurze Augenblicke. Wenn sie Hunger hatte, stand sie oben an der Treppe und schrie. Trugen wir ihr Essen hinauf, so war sie entweder schon wieder im Korb und säugte die Kleinen, als wären sie die zartesten Blümchen, die vor ihren Augen dahinwelken könnten, oder sie wanderte unruhig auf und ab wie ein Handlungsreisender, der Angst hat, seinen Zug zu versäumen. Die Jungen waren auch nicht gerade eine Hilfe. Als wir Sulka endlich wieder einmal dazu gebracht hatten, ein Weilchen mit uns herunterzukommen, blieb ihr nur eben Zeit, Shorty in der altgewohnten Weise anzuschielen, da ertönte schon ein durchdringender Klageruf von oben, und fort war sie, immer zwei Stufen auf einmal nehmend und jammernd: da habt ihr's, gleich passiert was, wenn ich mal einen Augenblick nicht da bin. Womöglich hat sie jemand entführt!

Nur ein Verrückter hätte auf den Gedanken

kommen können, diese Brut zu entführen. Sulka wußte das nur zu gut; denn von dem Augenblick an, wo jedes feierlich ein Auge öffnete — um Tage früher, als sie es eigentlich hätten tun sollen, war es völlig klar, daß sie nichts als Unfug im Sinn hatten. Aber es machte sich doch so gut — und die Rolle der idealen Mutter schien Sulka noch effektvoller, wenn sie ihre Kinder gegen Entführer zu verteidigen hatte.

Es gab niemanden, dem sie in dieser Hinsicht nicht mißtraut hätte. Besuchte uns der Pfarrer zu einer Tasse Tee, so saß sie nicht mehr auf seinem Knie, anhänglich wie die Haare, die sie auf seiner guten, schwarzen Hose hinterließ. Sie rührte sich nicht aus der Diele und warf ihm von der Schwelle her finstere Blicke zu. Wenn der Fleischerjunge kam, lief sie ihm nicht entgegen, um mit ihm ein Wort im Vertrauen über die Leber zu sprechen, sondern glotzte ihn vom Fenster aus an und schimpfte: noch einen Schritt, und ich rufe die Polizei!

Als die Polizei dann wirklich anrückte, und zwar in Gestalt von Peter McNab, der eine Vorladung für Charles brachte, weil er eines Morgens — natürlich unausgeschlafen wie jetzt immer — in die Stadt gefahren war und den Wagen zwei Stunden lang unter einem Parkverbotschild hatte stehen lassen, da machte Sulka ein solches Theater, daß wir uns nicht wunderten,

75

daß McNab auf der Straße gleich sein Notizbuch zückte und einen Eintrag machte, der sich nur auf öffentliche Ruhestörung beziehen konnte. Und als Tante Edith übers Wochenende eigens der Kätzchen wegen herbeireiste und wir diese herunterholten, weil wir bei ihr als alter Freundin der Katzenmutter keine Bedenken hatten, führte Sulka sich auf wie eine Wilde.

Eins nach dem andern packte sie die Kleinen beim Schlafittchen und beförderte sie energisch ins Gästezimmer zurück. Das ganze vergangene Jahr hatte sie jeden Abend zur Schlafenszeit laut und bitterlich geklagt, das Gästezimmer sei ein übles Gefängnis und man behandle sie nicht besser als Marie Antoinette. Jetzt war es anscheinend der einzige Platz auf der Welt, wo die Jungen sicher waren. Als Tante Edith begütigend hinter ihr herlief, mit dem Korb in der Hand und einem Kätzchen, das auf der Treppe verlorengegangen war, da stand Sulka als Wächter in der Tür und fauchte sie mit buschigem Schwanz und wütend gesträubtem Fell so ernstlich an, daß Tante Edith schneller als je zuvor in ihrem Leben die Treppe hinunter war und gleich den nächsten Zug nach Hause nahm.

Ich glaube, diesmal merkte sogar Sulka, daß sie des Guten zuviel getan hatte. Oder aber sie hatte die Rolle der idealen Mutter einfach satt. Jedenfalls warf sie uns am nächsten Morgen um

sieben Uhr die Jungen sorglos ins Bett, machte sich davon in den Wald und kam nicht vor neun Uhr zurück. Von nun an ließ sie uns nicht im Zweifel darüber, daß wir ebenso verantwortlich für die Kleinen waren wie sie selbst.

Wir haben uns in der Zwischenzeit oft überlegt, ob die Entwicklung der Kätzchen wohl davon beeinflußt wurde, daß sie in den nun folgenden Wochen gar so oft auf den Kopf fielen. Jeden Morgen plumpste mindestens eines auf den Boden, wenn Sulka wie eine Verrückte auf unser Bett gesprungen kam und mir hastig junge Katzen in die Arme stopfte. Wenn dabei eines hinunterfiel, machte sie sich nie die

Mühe, es aufzuheben. Sie warf ihm nur einen ärgerlichen Blick zu und machte sich davon, um das nächste zu holen. Uns war klar, daß diese Behandlung den Kätzchen nicht gerade zuträglich sein konnte. Es war auch bezeichnend, daß gerade Salomon öfter als alle anderen auf den Kopf gefallen war.

Jeder, der ihn kennenlernte, hat uns irgendwann einmal gefragt, warum in aller Welt wir ihn Salomon nannten. Tatsache ist, daß seine Mutter schuld an diesem Witz ist. Sie wußte ganz genau, daß wir aus dem ersten Wurf einen Kater als Prunkstück behalten wollten und für ihn den prächtigen Namen «Salomon der Schwarze» bestimmt hatten. Infolgedessen lieferte sie bereitwillig drei Kater zur Auswahl, beobachtete mit größter Spannung mehrere Wochen lang, wie wir mit dem Katzenbuch in der Hand ihre Zeichnung kritisch prüften und dabei erörterten, welchen wir behalten sollten, und freute sich diebisch, als sich schließlich herausstellte, daß nur einer für uns in Frage kam: der nämlich, den wir von Anfang an ausgeschieden hatten, weil er große Pfoten, Ohren wie eine Fledermaus und überhaupt keinen Verstand hatte. Alle übrigen Jungen, auch die winzige Dame, waren blaue Siamkatzen.

Salomon hatte neben seinen sonstigen Fehlern auch noch einen scheckigen Bart. Lange be-

78

vor die schattigen Flecken auf Nase und Pfoten erschienen und uns anzeigten, daß er unser Schicksal sein würde, hatten wir ihn durch diese Besonderheit von den anderen unterscheiden können. «Wie eine Orchidee», sagte Tante Edith bei ihrem nächsten Besuch versöhnt und holte ihn zärtlich aus dem Kohleneimer, wohin er wieder einmal über Bord gegangen war, als Sulka Tante Edith ihre maunzende Familie zum Zeichen des Friedensschlusses in den Schoß geworfen hatte. Wenn sie gesagt hätte «wie Schachtelhalme», wäre sie der Wahrheit nähergekommen. Aber Schachtelhalm oder Orchidee, jedenfalls erkannten wir ihn an seinem Bart als den, der immer im Liegen trank.

Als wir das zum erstenmal sahen, erschraken wir furchtbar – drei Junge saugten, als gelte es das Leben, und standen dabei, um besser zum Zug zu kommen, auf dem vierten, das anscheinend ohnmächtig war. Nachdem wir das Kätzchen dreimal herausgezogen hatten, um ihm Luft zu verschaffen, das Kleine jedoch innerhalb weniger Minuten immer wieder unter dem Gewurl verschwunden war, wurden wir mißtrauisch. Und tatsächlich erwies sich dieses Mißtrauen als gerechtfertigt, als wir die obere Kätzchenschicht entfernten und mal nachsahen. Während die anderen ihre Stellung oben nur unter Drängeln und Stoßen halten konnten, lag das kleine Ding mit den großen Pfötchen und dem scheckigen Bart seelenruhig unten auf dem Rücken und hatte eine ganze Reihe für sich allein. Der Erfolg dieser ungestörten Mahlzeiten war natürlich, daß dieses Kerlchen bald die ganze Schar an Größe überflügelte. Allerdings lag es auch daran, daß Sulka dieses Junge besonders gern hatte.

Wenn sie Lust verspürte, anzugeben (wir müssen wohl oder übel zugeben, daß es reizend aussah), dann war es unweigerlich Salomon, den sie die Dorfstraße hinunterschleppte und über dessen dicken weißen Kopf hinweg sie mit süßem Lächeln den Beifall einheimste. Nach der Heimkehr ließ sie ihn gewöhnlich einfach fallen und beauftragte uns, ihn wegzuräumen. Manchmal sprang sie über die Mauer in den Garten zurück, dann landete er im Graben. Als er größer wurde, nahm ihre Sorglosigkeit noch zu. Wenn sie ihn die Treppe hinaufschleppte, bumste sein dicker weißer Körper gegen jede Stufe. Tante Edith versuchte vergeblich, ihn Sulka zu entwinden, und prophezeite düster, er müsse ja ein Trottel werden. Tatsächlich entwickelte Salomon später etliche Spleens, zum Beispiel das unbesiegbare Verlangen, am Kragen herumgeschleppt zu werden.

Es grenzte an ein Wunder, daß die Jungen überhaupt am Leben blieben, denn seit Sulka

die Rolle der idealen Mutter aufgegeben hatte,
benahm sie sich so, daß man sie am liebsten in
einen Säuglingskurs geschickt hätte. Mußten
ihre Kinder gewaschen werden, wusch sie sie so
unbarmherzig, daß sie ihnen beinahe den Pelz
abzog. Ärgerten sie sie, biß sie so unbarmherzig
zu, daß sie um Gnade schrien. Alle außer Salomon – er biß zurück und wenn sie nach ihm
jagte, legte er sich auf den Rücken und wedelte
so entwaffnend mit seinen vier schwarzen Sok-
ken, daß er eine Extraportion bekam, wenn die
andern nicht hinschauten.

Von fortschrittlicher Ernährung hatte Sulka
keine Ahnung. Als die Jungen vier Wochen alt
waren und nach unserm Buch langsam entwöhnt werden sollten, befand sie, die neue
Milch sei nicht gut für die Kleinen, und trank
sie selbst. Als sie sechs Wochen alt waren, hatten
wir langsam keine Nerven mehr, weil sie – bestimmt im Auftrag der Mama – jedesmal Augen
und Münder fest zumachten, wenn sie ein
Milchschälchen auch nur von ferne erblickten.
Wir waren am Verzweifeln, da erwischten wir
Sulka eines Morgens, als sie oben die Kleinen
heimlich mit großen Stücken Kaninchenfleisch
von ihrem eigenen Frühstück fütterte und sie
stolz betrachtete, während sie sich wie Raub-
tiere darum stritten.

Sie wußte recht gut, daß das nicht in Ordnung war. Als wir ihr einen Vortrag über die zarten Kindermägen hielten, saß sie mit hängenden Ohren da, schielte schuldbewußt zu uns herauf, ließ aber durchblicken, Salomon sei schuld. Mag schon sein, daß das stimmte. Salomon bereitete uns in punkto Ernährung am meisten Kummer, denn er war ja so groß, und wir hatten uns schon immer gesorgt, wie er mit der Muttermilch allein durchkommen sollte. Nun stand er mitten in der Schüssel, bis an die Knie im Fleisch und verschlang es gierig. Fortan war Salomon dazu ausersehen, immer an allem schuld zu sein – nicht etwa, weil Sulka ihm eins hätte auswischen wollen, sondern einfach weil sie glaubte, er sei so großartig, daß wir ihm nicht widerstehen könnten.

Wenn sie einen von Charles' besten gelben Socken stahl und ihren Kindern zum Spaß zeigte, wie man auf und ab Löcher hineinkaute, bis das Strumpfbein aussah wie ein Sieb, so wurde schließlich Salomon abgeordnet, uns die Überbleibsel zu bringen, wenn sie Gewissensbisse bekam und sich klarmachte, was sie angerichtet hatte. Die übrige Gesellschaft saß währenddessen zitternd und fluchtbereit auf dem Treppenabsatz.

Eines Abends gingen wir ins Kino und ließen die Katzen törichterweise auf unserem Bett schlafen, weil es kalt war und sie sich auf der

Steppdecke so rührend aneinandergekuschelt hatten. Während nun die ganze Gesellschaft unter Sulkas Führung augenblicklich unterm Bett verschwand, als sie uns die Treppe heraufkommen hörte, blieb Salomon klein und einsam, aber doch nicht ohne Größe zurück, um uns zu erklären, wie die vielen Löcher in die neue Decke gekommen waren. Das war ihm aufgetragen worden. Nur *eine* Katze konnte diese runden feuchten Löcher gemacht haben – und die lag auf dem Bauch unter dem Bett und tat so, als gehöre sie zum Teppichmuster. Nur *eine* Katze war stark genug, Überwurf und Steppdecke aufzuschlagen und die Wolldecke herauszuziehen. Während wir ihm erzählten, wer diese Katze war, was sie war und was wir mit ihr machen würden, wenn wir sie erwischten, lauschte Salomon verschüchtert und hatte seine großen Fledermausohren weit aufgesperrt. Da mußte offensichtlich ganz schnell etwas geschehen, wenn er Mama vor einer schrecklichen Tracht Prügel bewahren wollte – und er handelte danach. Als ich die Decke hochhielt und klagte, man könne sie glatt zum Fenster hinauswerfen, sprang er mit vor Begeisterung blitzenden Augen zu und stopfte seine dicke schwarze Pfote durch ein Loch. Das sei das Spiel, das sie gerade gespielt hätten, ehe wir kamen. Dafür habe Mama die Löcher genagt, und es sei ganz furchtbar lustig. Ob wir's nicht mal probieren wollten?

Diesem kleinen schwarzen Stiefmütterchengesicht konnten wir nie widerstehen. Wir probierten es wirklich. Es dauerte nur ein paar Sekunden, und das ganze Bett war ein heiteres Durcheinander von Kätzchen, die im Bett hin und her stürmten und uns durch die Decke Pfötchen entgegenstreckten, während Sulka wie durch Zauberei wieder erschien, als sie merkte, daß die Gefahr vorüber war, und Salomon damit belohnte, daß sie ihn am Kragen packte und fröhlich vom Kopfkissen herunterpurzeln ließ. Das war nicht seine einzige Belohnung. Ich wäre beinahe in Ohnmacht gefallen, als er später nach dem Abendbrot stolz ins Wohnzimmer marschiert kam: sein Bart war auf der einen Seite üppig wie ein Ginsterbusch und auf der anderen Seite – weg, vollkommen weg. Er war damals erst acht Wochen alt, und wir dachten, die Haare wären ihm vom vielen Fleischfressen ausgegangen. Wir wußten nicht, daß Siamkatzenmütter ihre Lieblingskinder so behandeln, wenn sie mit ihnen ganz besonders zufrieden sind.

Das erklärte uns der Tierarzt nachts um halb elf Uhr – nicht sehr freundlich, fanden wir, wenn man bedenkt, daß er doch Siamkatzen von Berufs wegen gern haben müßte.

## Salomon der Große

Wenige Tage später kamen die Smiths das erstemal mit James zum Tee, seit wir die jungen Katzen hatten. Salomon ging sofort auf ihn los. Wir hätten so etwas erwarten müssen. Schon die ganze Zeit seit dem Verlust seines Bartes – den er als eine Art Ritterschlag zu empfinden schien – war Salomon unerträglich gewesen. Er betrachtete sich als Familienoberhaupt, und obwohl wir dieses Familienoberhaupt nur allzu häufig im Hintergrund verschwinden sahen, wo es die Schande einer gründlichen Säuberung über sich ergehen lassen mußte, war es doch klar, daß es nicht gutgehen konnte, wenn eine fremde Katze ins Haus kam.

Der Haken war nur, daß wir die Smiths nicht ohne James einladen konnten. Sie nahmen ihn überall hin mit, ob sie auf die Post gingen oder zur Sommerparty beim Pfarrer. Wenn sie ihn zu Haus ließen, sagten sie – und wir glaubten ihnen das als Besitzer von Siamkatzen ohne weiteres –, führte er sich auf wie ein Verrückter, und die Nachbarn regten sich auf.

Ich wette, er wäre gern zu Haus geblieben, hätte er gewußt, was ihm an diesem Nachmittag bevorstand. Ich sehe ihn noch vor mir, wie er elegant den Gartenpfad heraufgestelzt kam in seinem leuchtend roten Geschirr und hie und da stehenblieb, um am Goldlack zu riechen. Sulka begrüßte ihn am Tor. Ein bißchen argwöhnisch vielleicht – aber schließlich begrüßte Sulka alle Leute argwöhnisch: das gab gesellschaftlichen Begegnungen einen besonderen Reiz. Die beiden schritten nebeneinander ins Wohnzimmer, wo, wie Sulka ihm bedeutete, ihre Familie es schon nicht mehr aushalten könne, ihn endlich kennenzulernen. Und dann kam der schreckliche Augenblick, wo Salomon, dessen einseitiger Schnurrbart sich geradezu vor Haß sträubte, unterm Tisch hervorschoß, sich zur vollen Größe seiner sechs Zentimeter aufrichtete und explodierte.

Noch ehe sie richtig angefangen hatte, war unsere gepflegte ländliche Teegesellschaft in ein Tollhaus verwandelt. Sulka kreischte, James habe Salomon angegriffen und fiel über ihn her. James aber, der sich überhaupt nicht gerührt hatte, ließ es auf eine Diskussion nicht ankommen, sondern flüchtete quer über die Gurkenbrote. Und Salomon, der vor Aufregung völlig außer sich war, biß Frau Smith ins Bein.

Lange nachdem James, wie Espenlaub zitternd, nach Haus gefahren worden war und die Reste der Meißener Vase, die ihren Platz vor dem Fenster gehabt hatte, beseitigt waren, spielte uns Salomon immer noch Geschichten über Frau Smiths Bein vor.

«Und dann hab ich James gebissen», tremolierte er, auf dem Küchentisch sitzend, wo wir ziemlich erschlagen Kaninchenfleisch für ihr Abendbrot zerkleinerten. «Und dann hab ich ihn die Gardinen hinaufgejagt. Und dann hab ich ihn noch mal gebissen . . .»

In Wirklichkeit hatte er nichts dergleichen getan. Sulka hatte James gebissen. Im Augenblick, als Frau Smith aufschrie, war er mit seinen Geschwistern wie eine Rakete unter den Schreibtisch getaucht, und alles, was wir in den nächsten zwanzig Minuten von ihm zu sehen bekommen hatten, waren zwei Augen so rund wie Murmeln, die verblüfft auf die Verwüstung starrten. Aber das war echt Salomon. Zu allem übrigen Kummer hatte er sich auch noch als ein richtiger Prahlhans aufgeführt.

Gewöhnlich sperrten wir die Jungen in die Diele, wenn wir ihnen das Futter richteten. Vier Katzen am Bein und Sulkas Hungergeschrei im Ohr, das sei mehr, als ein Mensch aushalten könne, sagte Charles eines Tages, als er sich mit dem Hackmesser in den Finger geschnitten hatte. Wenn aber dann die Schüsseln auf dem Fußboden standen und die Tür zur Diele aufgemacht wurde – war das noch ein Wurf junger Katzen, was da zum Essen hereingefegt kam? Es war ein Sturmtrupp, mit Salomon an der Spitze. Die Ohren angelegt, die Schwänze aufgestellt, so donnerten sie in geschlossener Schlachtordnung durch das Wohnzimmer, den Gang entlang und in die Küche. Sulka folgte auf dem Fuße und raste genauso begeistert los wie die Kleinen, wenn sie sich auch vielleicht ein bißchen schämte.

Eines Tages war zufällig die Tür zum Garten offen, und Salomon, dessen zwei große Leidenschaften Essen und Ausgehen waren, hatte aus Versehen seinen Sturmtrupp in den Hof hinausdirigiert, ehe er es realisierte. Vater Adams, der gerade vorüberging, war voll Bewunderung für die Geschicklichkeit, mit der Salomon in einer Staubwolke gebremst, gewendet und seine Schar unter mächtigem Gebrüll blitzschnell zurück an die Futterschüsseln geführt hatte. «Der kleine Schwarze, wenn er ein Gaul wär, gäb ein tolles Jagdpferd», meinte er.

Salomon behielt das im Gedächtnis. Die Zeit sollte noch kommen, wo er dachte, er wäre ein Pferd, und er machte uns die Hölle ganz schön

heiß damit. Vorläufig war er noch vollauf damit beschäftigt, Familienoberhaupt zu spielen, und es war erstaunlich, was er alles aus dieser Rolle herausholte.

Frühmorgens, wenn der Trupp in atemraubendem Tempo aus der Haustür stürzte und den Pflaumenbaum erstürmte – ihre halbe Zeit verbrachten sie damit, vom Pflaumenbaum durch das Laub auf arglose Spaziergänger hinabzuspähen, die andere Hälfte damit, die Nasen ans Dielenfenster zu drücken und zu jammern, gerade in diesem Augenblick gehe jemand so Interessantes vorbei, und nun hätten sie ihn verpaßt –, da war Salomon immer an der Spitze und schrie, diesmal werde er als erster oben sein. Aber leider blieb Salomon stets nach einem riesigen Ansprung, der glatt für das Dach gereicht hätte, verzweifelt einen halben Meter über dem Boden am Stamm kleben und schrie nach uns, damit wir ihn ganz rasch herunterholten, denn ihm sei so schwindlig.

Nur ein einziges Mal erreichte er wirklich die Spitze, wahrscheinlich weil die nachdrängenden Geschwister ihn einfach hinaufgeschoben hatten, und war vor Aufregung so aus dem Häuschen, daß er dem Pfarrer, der gerade vorbeiging, auf den Kopf fiel. Weh getan hatten sich beide nicht, aber der Pfarrer hatte doch einen ganz roten Kopf und war dem Fluchen näher, als ich es je erlebt hatte. Wenn wir dem Kater schon unbedingt einen biblischen Namen hätten geben müssen, meinte er, so wäre Beelzebub besser gewesen. Seitdem blieb der Herr Pastor immer in sicherer Entfernung stehen und musterte den Pflaumenbaum, ehe er das Gartentor öffnete. Diese Sorge war unnötig. Salomon hat es nie wieder getan. Unser kleiner schwarzer Tolpatsch konnte eben einfach nicht klettern, wenn er auch jeden Tag um fünf Uhr früh das ganze Haus weckte mit seinem Geschrei: «Schnell, laßt mich raus, diesmal schaff ich's ganz bestimmt!»

Dauernd mußten wir ihn irgendwo retten. Wenn es nicht der Pflaumenbaum war, dann war es die vierte Latte des aus fünf Latten bestehenden Gartentors nach der Gasse hinaus. Sulka, die sich auf Wirkung verstand, lockte ihre Familie gern dort hinauf. Was ihr vorschwebte, war offenbar das reizende Bild «Katzenmutter mit Jungen auf Gartentor», das die Leute, die im Wald spazierengingen, in Entzücken versetzen sollte. Sicherlich wäre das auch ein voller Erfolg gewesen, wenn nur Salomon seiner Aufgabe gewachsen gewesen wäre. Der aber klebte, wenn Spaziergänger vorbeigingen, immer vor Ärger heulend hoffnungslos auf der vorletzten Latte, während Sulka, anstatt mit halbgeschlossenen Augen bescheiden aus einem Nest aneinandergeschmiegter Kätzchen herauszulächeln, flach auf dem Bauch lag und wie toll mit der Pfote fuchtelte, um ihn heraufzuangeln.

Daß er nicht auf den Pflaumenbaum kam, ließ Salomon vergleichsweise kalt, aber daß er das Tor nicht bezwingen konnte, ärgerte ihn aus einem psychologisch schwer durchschaubaren Grunde sehr. Schließlich gab er die Versuche auf. Wenn die anderen Jungen sich mit freudigem Gequieke auf das Tor schwangen und oben entlangbalancierten, die drolligen Schwänze wie kleine Mastbäume aufrecht tragend und munter kreischend, wenn ab und zu eines ausrutschte und gefährlich an einer Pfote hing, dann trottete er jeweils ganz allein davon und setzte sich oben auf den Zwergmispel-Strauch.

Wenn Salomon feierlich dort oben saß und sich bemühte auszusehen, als habe er den Mount Everest bezwungen, so war das ein herzzerreißender Anblick. Sogar seinen Geschwistern tat er dann leid. Als Sulka eines Tages ihr Trompetensignal für das Gartentor ausstieß, kletterten sie statt dessen alle mit Salomon auf die Zwergmispel. Unglücklicherweise war Salomon nicht darauf vorbereitet; er fiel vor Aufregung hinunter und verstauchte sich die Pfote. Da war nichts zu machen, er war eben ein Pechvogel.

Auf einem Gebiet freilich übertraf er die an-

deren Jungen – wenn man davon absieht, daß
er die größten Pfoten und den größten Appetit
hatte –, er konnte am lautesten schreien. Natürlich hatten sie alle tolle Stimmen, dafür waren
sie ja Siamkatzen. Sogar Sheba, die viel ruhiger
als ihre Brüder war und sich manchmal stillen
Betrachtungen auf der Gardinenstange hingab,
schreckte gelegentlich unsere Gäste auf, indem
sie aus der Höhe in brüchigem Sopran ihr
«Wäääääh» erklingen ließ, wenn ihr eine besonders profunde Erkenntnis kam.

Salomon jedoch hatte schon als kleines Kätzchen eine Stimme wie ein Ochsenfrosch. Und
er maunzte in einem fort. Manchmal hörten wir
ihn sogar mitten in der Nacht klagen. Wenn wir
dann aufstanden und nachsahen (seit wir einmal
Blondin nachts hinter einer Tür halb erstickt aus
dem Ärmelfutter eines Sakkos gezogen hatten,
achteten wir peinlich auf alle nächtlichen Geräusche), fanden wir unweigerlich drei schnar-
chende Kätzchen, die wie kleine weiße Engel
friedlich schlummerten, Sulka, die auf der Seite
lag, ein Auge offen hatte und ihren Sohn offensichtlich zum Teufel wünschte – und Salomon,
der kerzengerade im Korb saß und einer Spinne
an der Wand einen Vortrag hielt.

Salomon liebte Spinnen. Fand er eine, die zu
alt oder zu schwach zum Ausreißen war, so fraß
er sie schmatzend – diese Angewohnheit hatte

93

er von Sulka geerbt –, wobei er mit vollem Mund seiner Anerkennung Ausdruck gab. Es dauerte eine Weile, ehe wir heraushatten, welches Kätzchen beim Fleischfressen in bestimmten Abständen ein begeistertes «Wuuhuuhuu» von sich gab, wie eine Lokomotive vor dem Tunnel, aber schließlich stellte es sich heraus, daß es wiederum Salomon war.

Er hatte einen ganz eigenen Wortschatz, den wir zu unserem Glück schnell verstehen lernten. Guckte ein schwarzer Kopf um die Wohnzimmertür, wenn wir gerade Gäste hatten, der leise, aber eindringlich «Wuuuu» machte, so bedeutete das, es tue ihm zwar leid, daß er stören müsse, aber das Kistchen sei nicht sauber und er brauche umgehend eine frische Füllung. Salomon schätzte unsaubere Kistchen gar nicht. Ein heiseres, von Knallgeräuschen begleitetes «Wäääau» aus der Küche bedeutete, daß er Hunger hatte und mit Gewalt die Speisekammertür zu öffnen versuchte. Lautes und fortgesetztes Wehgeschrei von irgendwo aus dem Hang hinter dem Haus hieß, daß Salomon, mit Feuereifer und ganz in der Rolle des Familienoberhauptes mit den anderen aufgebrochen, wieder einmal verlorengegangen war und nun gerettet sein wollte. Schweigen mußte er nur, wenn Sulka säugte, denn hätte er dabei den Mund geöffnet, wäre sein Platz weg gewesen.

Statt zu schwatzen, wackelte er dann so heftig mit seinen großen Fledermausohren, daß es aussah, als wolle er demnächst davonfliegen.

Natürlich hatte nicht nur Salomon Charakter. Aber er war eben der einzige Braungezeichnete, und da wir ihn deshalb behalten wollten, achteten wir natürlich besonders auf ihn. Seine zwei blauen Brüder hatten inzwischen ihre Berufswahl schon getroffen: Ringkämpfer wollten sie werden. Sie glichen sich so, diese beiden, daß nicht einmal wir sie unterscheiden konnten. Aber eines Tages zwickte Salomon Sulka in den Schwanz, worüber sie so pikiert war, daß sie entschied, von nun an sei er nicht mehr ihr Herzblatt. Sie ging hin und biß einem von den Brüdern den Schnurrbart ab – fortan waren die beiden völlig unzertrennlich. Allerdings zeigten sie sich ihre Zuneigung auf eine merkwürdige Art, wie man das ja bei einer solchen Mutter nicht anders erwarten konnte. Wo man sie auch antraf, nie saßen sie liebevoll Wange an Wange geschmiegt, wie man es auf Weihnachtsglückwunschkarten sieht. Immer waren sie eng ineinander verkeilt und gaben sich die größte Mühe, einander das Lebenslicht auszublasen.

Auch für ihre Schwester stand der Beruf schon fest. Sie hatte vor, ein Vamp zu werden, wenn sie einmal von uns wegginge. Schon jetzt benutzte sie Charles und den Jungen, der die Gartenarbeit verrichtete, als Trainingsobjekte. Abends saß sie stundenlang auf Charles' Knien, starrte ihm mit halbgeschlossenen Augen ins Gesicht und dehnte sich vor Leidenschaft unter seinen Blicken. Wenn Simon samstags das Gras mähte oder das Kartoffelbeet hackte, hing sie ihm schmachtend um den Hals und war nicht wegzubringen. Der Erfolg war, daß er aus Angst, sie könnte runterfallen, langsamer arbeitete und nur noch die Hälfte verdiente. Sie führte lange vertrauliche Gespräche mit den beiden Männern, brach aber sofort ab, sobald ich auf der Bildfläche erschien. Es kam soweit, daß Charles und Simon, wenn ich den Verkauf der jungen Katzen aufs Tapet brachte, mich anschauten, als wäre ich die böse Stiefmutter. Und ihre kleine Freundin putzte sich selbstgefällig im Hintergrund.

Wir hatten allerdings noch ein paar Wochen Zeit, ehe wir ernstlich an den Verkauf der Kätzchen denken mußten. Inzwischen hatten wir mit einem Gefühl der Erleichterung, das für mich allerdings keineswegs frei von bösen Ahnungen war, eine Pfingstreise in Aussicht genommen. Meinem Gefühl nach konnten wir die Smiths nach jener katastrophalen Teegesellschaft nicht mehr in Anspruch nehmen und hatten deshalb Sulka mit ihren Jungen in der Katzenfarm angemeldet, in der Rikki zu Hause war. Dort wurden ausschließlich Siamkatzen gezüchtet, und unsere Brut sollte eine eigene Wohnung und einen eigenen, sehr weitläufigen Auslauf haben. Zweifellos würden sie sich dort wohl fühlen. Der Haken war nur, daß die Farm über fünfzig Kilometer entfernt war.

Das machte mir Sorge. Soviel Sorge, daß ich eine Woche lang jeden Morgen schon bei Tagesanbruch wach lag und in Schweiß geriet, wenn ich nur daran dachte. Charles war natürlich optimistisch wie immer.

Irgend jemand hatte ihm erzählt, es gäbe Beruhigungsmittel für Katzen. Er würde sich die Pillen beim Tierarzt besorgen, sagte er, und sie Sulka verabreichen. Die Jungen könnten die Reise in einem Korb auf dem Rücksitz machen, und Sulka würde die ganze lange Fahrt ruhig auf meinem Schoß dösen. War das nicht ganz einfach?

Vielleicht wäre es wirklich einfach gewesen, wenn er ein Beruhigungsmittel für einen Elefanten verlangt hätte. Tatsächlich hatten wir die ersten zwanzig Minuten der Reise vollkommene Ruhe. Sulka starrte träumerisch über meine Schulter auf die vorüberfliegenden Bäume, und von hinten hörte man nur ein sanftes Gewühle. Dann ließ die Wirkung des Beruhigungsmittels nach, und im Nu war alles wie-

97

der wie immer mit dem Katzenvolk. Die Hölle
war los. Sulka kurvte wie ein Windhund im
Wagen herum und kreischte, man habe ihr nicht
nur ihre Kinder geraubt, man habe sie auch
noch vergiftet: wo sind sie, meine teuren Kleinen? Charles brüllte, ich solle sie um Gottes
willen einfangen, sonst gebe es eine Katastro-
phe. Die Jungen beteiligten sich begeistert an
dem Spaß, drückten ihre Gesichter an die Luftlöcher des Korbes und kreischten: «Hier sind
wir, Mama! Hier drin!» Ich schluchzte leise vor
mich hin.

Ich weiß heute noch nicht, wie wir diese
Fahrt geschafft haben. Wir versuchten es mit
Langsamfahren. Es änderte gar nichts, außer daß
die Passanten besser gaffen konnten. Wir versuchten es mit Schnellfahren – da warf sich
Sulka hysterisch unter die Kupplung und
brachte uns beinahe alle ins Grab. Wir setzten
sie in den Korb zu den Jungen, weil wir dachten, das würde sie vielleicht beruhigen. Aber
schon nach wenigen Metern mußten wir anhal-
ten und sie wieder herausnehmen, ehe sie ihre
Kinder zu Tode trampelte. Kaum hatten wir sie
herausgenommen und den Korb wieder zugemacht, erhob sich ein durchdringendes Geschrei: Salomon zwängte doch wirklich seinen
dicken dummen Schädel durch ein Luftloch
und hing nun dort wie eine ausgestopfte Jagd-

trophäe an der Wand, er schluckte wie wild und kreischte vor Schrecken.

Das war einer der fürchterlichsten Augenblicke meines ganzen Lebens. Sogar Charles schien jetzt verrückt zu werden. Er sprang aus dem Wagen, knallte die Tür zu, damit ihm Sulka nicht folgen konnte, und fing an wie toll den Inhalt seiner Taschen ins Gras zu werfen. Er suche ein Taschenmesser, schrie er, als ich ihn fragte, was er denn da treibe. Herausschneiden – anders sei Salomon nicht zu retten. Wenn du das tust, schrie ich zurück, bringst du ihn um! Nicht einmal ein Bienenstachel hätte Platz zwischen Salomons Hals und dem Korb, geschweige denn ein Taschenmesser. Schau her!

Ich streckte die Hand aus, um ihm zu zeigen, wie fest Salomon eingeklemmt war – und Salomon biß mich augenblicklich in den Finger bis auf den Knochen. Wenn seine Kraft dazu noch ausreichte, dachte ich, dann hatte er auch genug Kraft, um auszuhalten, was ich jetzt plante. Ohne ein weiteres Wort legte ich meine Hand flach gegen sein Gesicht, schloß die Augen und drückte zu. Man hörte ein saugendes Geräusch und dann, nachdem er mich auf gut Glück schnell noch einmal gebissen hatte, schnappte Salomons Kopf hörbar zurück in sichere Gefilde.

Weiter ging's. Dantes Inferno auf Rädern.

Das Loch im Korb mit einem Halstuch verstopft, ich die Hand in ein Tuch gewickelt,
Sulka, die Ursache allen Übels, immer noch wie
ein Kreisel im Wagen herumtobend. In einem
kleinen Städtchen fanden wir ein Korbgeschäft,
kauften den größten Deckelkorb, den sie hatten,
und sperrten Sulka hinein. Jetzt konnte sie wenigstens nicht mehr im Wagen herumflitzen.
Dafür verwandte sie ihre Energie darauf, lauter
denn je zu heulen.

Wir rechneten schon nicht mehr damit, le-
bendig bei der Katzenfarm anzukommen. Um
so mehr staunten wir, als wir endlich anlangten
und die Körbe aufmachten. Heraus stieg Sulka,
schmeichlerisch und gelassen, wie man sich's
nur wünschen konnte, und begrüßte die Familie
Francis mit einem anmutigen Miauen. Und aus
dem anderen Korb stolperten vier lebhafte
Kätzchen, frech und frisch wie Gänseblümchen,
angeführt von Salomon, von dem wir erwartet
hatten, daß er bestenfalls ein Anwärter fürs
Krankenhaus wäre.

Als wir sie verließen, liefen sie wie Raupen
am Drahtzaun ihres Geheges auf und ab. Wir
vereinbarten, daß wir später am Abend anrufen
und uns nach ihrem Befinden erkundigen würden. Charles meinte, es könnten sich doch noch
nachträglich Schockwirkungen einstellen. Wie
ich ihn dann nach dem Abendessen mit Frau

Francis telefonieren und dabei unterdrückt
stöhnen hörte, glaubte ich schon, er habe recht
gehabt. Als er jedoch den Hörer weglegte, versicherte er mir, alles sei ganz normal. Nur hatte
Sulka Rikki entdeckt und schrie ihm nun über
die ganze Farm hin ihre Grüße zu, während die
Jungen – um uns zu blamieren, grollte Charles
– so viel Gefallen an ihrem hübschen, sauberen,
glänzenden Kistchen gefunden hatten, daß sie
darin schlafen gegangen waren.

## Eine Orgel ohne Tasten

Katzen, sagte Vater Adams, haben den Teufel
im Leib. Niedergeschlagen lehnte er an unserem
Gartentor, den Hut tief in die Stirn geschoben.
Wir schlossen aus dieser Bemerkung, daß Mimi
trotz aller seiner Bemühungen doch wieder läufig war.

Schon drei stürmische Honigmonde hatte sie
mit Ajax im Speicher verlebt, und dreimal war
Vater Adams, der das Getrappel kleiner Katzen-
pfötchen so heiß herbeisehnte, enttäuscht worden. Kein Gedanke daran, daß Mimi mehr ein-
gebracht hätte als die Erdbeerenernte. Im Gegenteil, nun waren die Erdbeeren auch noch
hin. Ein paar von Mimis Freiern hatten das Erd-
beerfeld eines Nachts für einen Wettkampf ausersehen, um sich zu trösten, und hatten dabei
alle Blüten zertrampelt.

«Da komme ich nicht mehr mit», sagte Vater
Adams. Auf die Theorie seiner Frau wollte er

nicht hören. Die meinte nämlich, alles komme daher, daß Ajax schon eine Frau habe und – ein Vorbild für jeden guten Ehemann – sich deshalb standhaft weigere, eine andere Katze anzusehen. Er meinte, nur eine Närrin könne so daherschwätzen. Allerdings habe Ajax tatsächlich eine Frau. Alle Patienten von Dr. Tucker kannten sie. Ein schlankes, taubenäugiges Geschöpf namens Andromache, die doppelten Ruhm erworben hatte. Erstens hatte sie den Kaufmannslehrling gebissen – eine Tat, die eine Menge Hausfrauen, erbittert über seine Unverschämtheit, gern selbst vollbracht hätten. Und zweitens war Andromaches Liebe zu Ajax so groß, daß sie ihn, auch wenn sie Junge hatte, mit in den Korb ließ, während die meisten Katzenmütter in diesem Zustand jeden Kater anfallen, der ihnen unter die Augen kommt.

Vater Adams wußte, daß das alles stimmte. Er hatte mit eigenen Augen gesehen, wie Ajax, der Mordskerl und kampferprobte Kater, zärtlich die neueste Auflage seiner Nachkommenschaft geputzt hatte, während Andromache auf der Terrasse ein Sonnenbad nahm. «Ein schöner Pantoffelheld», war alles, was Vater Adams dazu sagte. Lächerlich, sich vorzustellen, daß er, Vater Adams, einem seiner Kinder das Gesicht abseifen sollte, während seine Ehehälfte herumsäße und ihr dickes Hinterteil in die Sonne streckte.

Aber ganz entschieden weigerte sich Vater
Adams zu glauben, daß Ajax kein Interesse an
anderen weiblichen Wesen habe. So dumm sind
Katzen nicht, sagte er. Auch andere Leute glaub-
ten das nicht – bis sich gewisse merkwürdige
Dinge ereigneten, die jedermann nachdenklich
machten. Andromache wurde zu einer Zeit läufig, da Ajax zu einer Ohrenbehandlung beim
Tierarzt war. Sie stieg eines Nachts aus dem
Speisekammerfenster und ging mit einem Kater
spazieren, der Nelson hieß und im «Goldenen
Ochsen» wohnte. Es war ein schöner Abend im
Mai, die Luft war schwer von Weißdornduft,
und eine Nachtigall schlug schwärmerisch im
Gebüsch. Ajax war in weiter Ferne und hatte
Penicillinpulver im Ohr, Nelson war nur zu
nahe und brannte vor Leidenschaft – und nach
neun Wochen lagen sieben schwarzweiße Kätzchen im Korb auf der Terrasse des Doktors, deren Gequieke Vater Nelson deutlich genug ver-
riet.

Diesmal machte Ajax keinen Finger krumm.
Andromache mochte ihm noch so zärtlich um
den Bart gehen und versichern, natürlich wären
sie von ihm, es müsse vom Penicillin kommen
– er ließ sich kein X für ein U vormachen. Er
kannte den Schuldigen ganz genau. Eines
Nachts brachte er Nelson auf dem Dach des
«Goldenen Ochsen» beinahe um, und als er das

nächste Mal zu Mimi geholt wurde, hatte er keine Skrupel mehr von wegen ehelicher Treue. Sechs stramme kleine Ajaxe bekam Mimi, und Vater Adams rieb sich vergnügt die Hände. Seine Frau goß ihm allerdings Wasser in den Wein, weil sie behauptete, eigentlich wäre so was doch nicht in Ordnung. Schließlich fragte er sie, was zum Teufel er denn machen solle: etwa die verdammten Katzen zur Eheberatung führen?

Natürlich war alles reiner Zufall. Mimi war einfach eine Katze, die sich nicht so leicht paaren ließ. Aber trotzdem, man machte sich so seine Gedanken. Nun, diese außergewöhnlichen Ereignisse lagen noch in weiter Ferne, als Vater Adams seufzend an unserem Gartentor lehnte. Auch wir wußten noch nichts von der Tragödie, der wir entgegengingen. Im Augenblick hatten wir genug damit zu tun, Sulka und ihre tyrannische Familie in ein normales bürgerliches Dasein einzufügen.

Das war wahrhaftig keine leichte Aufgabe. Wenn wir zum Beispiel Gäste hatten, konnten wir sie nicht mehr im Gästezimmer unterbringen. Vor Wochen, als es Sulka als Kinderzimmer diente, hatten wir der Bequemlichkeit halber auch das Erdkistchen hinaufgestellt – und nun erwarteten die Kleinen, es müsse immer dort bleiben, unverrückbar wie der Felsen von

106

Gibraltar. Besonders Salomon war immer viel zu faul, vorm Schlafengehen die Kiste zu benutzen, wie Sulka ihn gelehrt hatte, und mußte infolgedessen unweigerlich bei Morgengrauen aufs Örtchen. So kam die peinliche Nacht, in der er fast die Tür stürmte und brüllte, er müsse ganz schnell rein, während wir ihn vergeblich zu überreden versuchten, daß eine Kiste auf dem Treppenabsatz dieselben Dienste tue. Seitdem wagten wir es nicht mehr, Gäste dort einzuquartieren. Wir schliefen selbst drin, mit jungen Katzen, Kistchen und allem Drum und Dran, und überließen dem Besuch unser Schlafzimmer.

Auch bei der Auswahl unserer Gäste mußten wir sehr vorsichtig sein. Solange Sulka allein während der Mahlzeiten auf dem Tisch saß, war es noch gegangen. Wir konnten sie immer schnell abservieren und so tun, als wüßten wir gar nicht, was ihr plötzlich eingefallen sei — «sonst macht sie das nie». Aber als nun eine Katze und ihre vier Jungen, kaum daß gedeckt war, auf dem Tisch aufmarschierten und sich einmütig um das Essen aufbauten, da konnte man nicht mehr gut den Versuch machen, das als einen Zufall hinzustellen. Es half auch nichts, sie in die Diele zu sperren und so zu tun, als ob sie sich während der Mahlzeiten gewöhnlich dort aufhielten. Sie vollführten einen solchen

Höllenlärm, quiekten und warfen sich gegen die Tür, daß die Gäste unweigerlich sagten, wir sollten doch ihretwegen die lieben Kleinen nicht aussperren, und selbst hingingen und die Tür aufmachten. Worauf die lieben Kleinen quer durchs Zimmer fegten und sich so zielbewußt auf den Tisch schwangen, daß selbst der Dümmste nicht mehr im Zweifel sein konnte, wo ihr Platz beim Essen war. Als wir dann endlich alle Leute ausgemerzt hatten, die dagegen waren, daß ihnen beim Essen Katzen interessiert in die Teller guckten, und die es nicht vertrugen, wenn Salomon auf ihrem Schoß Spinnen ausspuckte – das Schlimmste an den Spinnen waren die schwer verdaulichen Beine – und die es nicht gern hatten, wenn ihnen Katzen beim Bridgespielen die Karten annagten oder versuchsweise Pfötchen in die Ohren steckten – da blieben nicht mehr allzu viele Leute übrig, die wir überhaupt noch einladen konnten.

In mancher Beziehung war das auch wieder ganz gut. Es sah bei uns damals sowieso nicht sehr gemütlich aus. Die Lampe auf der Anrichte zum Beispiel, die aus einem alten Leuchter gemacht war, stand so windschief da, daß man bei ihrem Anblick seekrank werden konnte. Sie hatte ihren Knacks bekommen, als eines Tages vier junge Katzen versuchten, in einem glorreichen Hindernisrennen rund um das Wohnzim-

108

mer gleichzeitig drüberzusetzen. Wir haben sie nie wieder geradebiegen können.

Auf der Kommode hatte immer ein Glaskrug aus Bristol gestanden, ein alter Fayence-Krug und die Porzellanplastik einer spinnenden Bretonin. Der Bristolkrug ging in die Brüche am Tag, nachdem Sulka ihre Familie zum erstenmal aus dem Gästezimmer heruntergebracht hatte. Als ich auf den Lärm hin ins Zimmer gerannt kam, saß Salomon auf der Stelle, wo der Krug gestanden hatte, und sah mit Augen so rund wie Untertassen auf die Überreste hinab. Sulka und die anderen guckten interessiert aus dem Fenster, nach einer Ameise möglicherweise, die gerade um die Ecke verschwunden war. Salomon meinte, das Ding sei ganz von selbst heruntergefallen, im gleichen Augenblick, als er sich dort hingesetzt habe – er könne nicht verstehen, warum es jetzt so komisch aussehe.

Wer daran schuld war, daß die bretonische Spinnerin kopflos wurde, haben wir nie herausbekommen. Als wir den verstümmelten Körper auf dem Teppich fanden, war die ganze Gesellschaft im entlegensten Winkel des Küchengartens eifrig mit einer Lektion im Mäusefang beschäftigt, und als sie zur Abendbrotzeit heimmarschiert kamen, machten sie den Eindruck, als sei Ihnen die Sache genauso rätselhaft wie uns.

Hierauf trafen wir die Vorsichtsmaßnahme,

unseren letzten Schatz, den Fayence-Krug, auf den Fußboden zu stellen. Aber das hätten wir uns sparen können. Als sie sahen, daß die Kommode jetzt eine hübsche freie Fläche war, gewöhnte sich die Bande an, sich dort oben zu versammeln, wenn neue Taten beraten werden sollten. Eines Tages, als die blauen Brüder sich zum Zeitvertreib im Ringen übten und Salomon behauptete, er müsse als Hauptperson ganz vorn sitzen, während seine Schwester sich leidenschaftlich weigerte, zur Seite zu rücken, weil sie sonst Charles nicht sehen könne, fiel die ganze Gesellschaft hinunter, landete wie eine Bombe auf dem Krug, und damit war auch der erledigt.

Wohin wir auch schauten – überall waren wir von den Zeichen unseres Niedergangs umgeben. Der Ledersessel in der Ecke war mit einer abgenutzten Autodecke garniert. Nicht zum Schutz vor den Jungen – diese Hoffnung hatten wir längst aufgegeben: wenn sie ihre Krallen wetzen wollten, zogen sie einfach die Decke weg und gingen auf ihn los – nein, nur um den traurigen Tatbestand zu verbergen, daß die Füllung in Büscheln herausstand. Der Fleck auf dem Teppich, wo Salomon sich übergeben hatte, nachdem er zwei Stück Cremetorte aufgefressen hatte – und ein anderer Fleck, wo Charles die Kaffeekanne hatte fallen lassen, als das kleine Katzenmädchen, das damals noch kaum größer war als eine Maus, zärtlich an seinem nackten Bein hochgeklettert war.

Tante Edith hatte das verdrossen. Charles müßte sich wirklich besser beherrschen können, meinte sie, und ich sollte doch auch mehr Vernunft haben. So einer kleinen Katze Cremetorte zu geben!

Das war nun wirklich ein Witz. Von dem Tag an, da Salomon zum erstenmal den Weg auf den Tisch gefunden hatte, indem er ganz einfach an den Gardinen hochkletterte und sich fallen ließ, wenn er über dem Tisch angekommen war, war es nicht mehr nötig gewesen, ihm irgendwas zu geben. Was er wollte, nahm er sich. Das Dumme war nur, daß das, was er wollte, nicht immer gut für ihn war.

So zum Beispiel Garnelen. Bot man Sulka eine Garnele an, so schloß sie die Augen und bekundete damit, wir wüßten doch ganz genau, daß sie niemals so etwas zu sich nähme. Bot man sie den blauen Brüdern, schnupperten sie nur kurz und ließen sich im übrigen in ihrem Ringkampf nicht stören. Bot man sie der Kleinen, so fand sie das offenbar schmutzig und legte sie unter den Teppich. Wir hätten uns übrigens nicht gewundert, wenn das heikle Ding darauf bestanden hätte, daß alle ihre Mahlzeiten aus dem Hotel geliefert würden. Ließ man dagegen Salomon auch nur am Schnurrbart einer Garnele riechen, so leuchtete sein schwarzes Gesicht vor Eifer auf, seine kleine rosa Zunge leckte fast bis zu den Augenbrauen hinauf, und er wäre einem bis ans Ende der Welt gefolgt.

Salomon liebte Knoblauchwurst, Leberwurst und Bindfaden. Als wir zum erstenmal ein Stück Bindfaden in seinem Maul verschwinden sahen und er gleich darauf so unheimlich aufstieß, daß es ihn ordentlich hochhob, riefen wir ganz aufgeregt den Tierarzt an. Der aber seufzte nur und sagte, wir sollten uns keine Sorgen machen, zumal es sich doch um den Tölpel handle, wie er Salomon immer nannte. Wir sollten nur der Natur ihren Lauf lassen. Es ging auch wirklich alles gut, dieses Mal und all die anderen Male, wenn wir ihn Bindfaden fressen sahen, umringt von seinen Geschwistern, die bewundernd seine große Nummer beobachteten. Trotzdem hatten wir jedesmal eine Heidenangst. Ich fürchtete, er könne ersticken, und Charles stellte sich plastisch vor, daß sich der Faden durch sein Inneres schlängle. Ein Stein fiel uns vom Herzen, als Salomon die aufregende Entdeckung machte, daß er jetzt einen Tischtennisball ganz in den Mund stecken konnte, daraufhin das Bindfadenschlucken aufgab und statt dessen Schäferhund spielte.

Kein Wunder, daß Salomon öfter übel wurde

— er fraß ja Spinnen, Bindfaden, gelegentlich auch ganze Schmetterlinge, wenn er sie auf Kohlköpfen überrumpelte. Aber niemals war ihm so großartig übel wie an dem Tag, an dem er die zwei Stück Cremetorte gefressen hatte. Es war — Tante Edith mochte sagen, was sie wollte — reiner Zufall. Das Telefon läutete, als ich gerade meine Einkäufe auspackte, und ich nahm Fisch, Koteletts, Wurst und Speck sicherheitshalber mit, denn Salomon gierte schon danach und meinte, das möge er und das gäbe es doch hoffentlich zum Tee. Erst eine Woche war es her, daß ich sorglos am Telefon geschwatzt hatte, als plötzlich eine vom Familienoberhaupt angeführte Prozession auf dem Weg in den Garten an mir vorüberzog und zwei Pfund Speck mit sich führte.

Die Kuchen hatte ich stehenlassen, weil Salomon niemals vorher Interesse an Cremetorte gezeigt hatte. Jetzt aber, wo nichts anderes zurückgeblieben war, erwachte plötzlich diese neue Lust. Ich war noch nicht fertig mit Telefonieren, als er schon herauskam, um mir zu sagen, er sei schön satt. Im Verlauf des Nachmittags wurde er dann immer stiller, und seine Augen wurden immer runder, bis er sich schließlich in die Mitte des Teppichs setzte, und wir es zweifelsfrei wußten: Salomon wollte sich übergeben.

Unsere Katzen übergaben sich immer mitten im Zimmer. Das war eine Gewohnheit, die Sulka eingeführt hatte, um sicherzugehen, daß wir es auch sähen, wenn sie sterben müßte. Wir hatten uns an diesen Brauch gewöhnt und waren sehr geschickt darin, eine Zeitung in dem Moment unterzuschieben, wo wir den ersten Rülpser hörten. Auch dieses Mal wäre alles gutgegangen, hätte nicht der Dorfschreck ausgerechnet diesen Augenblick gewählt, um bei uns für die Kirchenorgel zu sammeln. Die Gute kam natürlich ohne Umstände herein — wegen des frommen Zwecks, meinte Charles —, sah Salomon wie einen kleinen schwarznäsigen Kobold mitten auf dem Teppich sitzen, kreischte «der süüße Kleine» und drückte ihn, ehe wir's verhindern konnten, fest gegen ihren umfangreichen tweedbekleideten Busen.

Das war zuviel für Salomon. Er gab ein verzweiflungsvolles «Wuuuups» von sich und beförderte alles auf ihre beste seidene Bluse und auf den Teppich. Sie war wütend und wollte auch nichts hören, als Salomon ihr zu verstehen gab, es tue ihm leid, aber zwei Stück Cremetorte seien zu viel gewesen, und sie habe ihn wirklich zu sehr auf den Bauch gedrückt, aber so schlimm wär's ja nicht, es gehe ihm jetzt schon viel besser. Ohne unseren Beitrag abzuwarten, marschierte sie hinaus und kündigte beim Pfarrer auf der Stelle. Die Leute beleidigten sie ja schon dauernd, sagte sie, aber wenn sie jetzt auch noch die Katzen abrichteten, sie vollzuspucken, dann gehe das wirklich zu weit. Das war also — wie Charles noch lange zu erzählen pflegte — der Grund, weswegen unser Wohnzimmerteppich einen Fleck und es bei der Dorforgel nicht für die Tasten gereicht hatte.

## Mit Pfeil und Bogen . . .

Damals hatten wir wieder einmal Scherereien mit dem Bad. Sulkas Wasserfimmel hatte sich gelegt, seit sie ihre Familie hatte. Sie hatte jetzt so viel zu tun, sagte sie uns immer wieder, während sie ihre vier widerspenstigen Jungen zu erziehen versuchte, daß sie gar nicht dazu kam, an sich selbst zu denken. So hatte sich Charles auch wieder angewöhnt, die Tür offenzulassen, wenn er sich im Bad aalte. Auf diese Weise konnte er Radio hören, und das Baden war wieder eine friedliche und erholsame Angelegenheit geworden. Nur manchmal setzte ihm fast das Herz aus, wenn er den Sturmtrupp auf seinem Weg in die Küche vorbeidonnern hörte.

Da löste sich eines Tages die kleine Sheba aus dem vorübergaloppierenden Trupp, um sich das Pfötchen zu putzen. Salomon sei draufgetreten, miaute sie, und sie möchte doch nicht schmutzig sein, wenn sie sich nachher mit Simon treffe.

**117**

Als sie nun wie ein kleiner blauer Komet den anderen nachsauste – ein vernünftiges Gehen gab es ja nicht in unserem Haus, höchstens flitzten sie mal noch schneller als üblich –, verfehlte sie die Biegung zur Küche, schoß statt dessen durch die Badezimmertür, und ehe jemand sie aufhalten konnte, gab es einen mächtigen Platscher, und sie war im Wasser. Als ich ins Bad kam, lag Charles in der Wanne, den Luffaschwamm noch krampfhaft in der Hand, und sah mich resigniert an, während seine kleine Freundin glücklich triefend auf seiner Brust saß und ihm vorschnurrte, wie lieb sie ihn habe.

Von nun an konnte sie sich noch so weit hinten im Garten aufhalten, womöglich sogar Zwiesprache mit Simon halten – sobald sie das Wasser in die Wanne laufen hörte, kam sie ins Haus geschossen wie ein geölter Blitz, bezog Posten vor der Badezimmertür und forderte Einlaß. Wenige Sekunden später kam dann Salomon um die Ecke gepurzelt, der überall gern mitmachte, wo er seine Stimme erschallen lassen konnte, und wollte auch hinein. Zuletzt tauchten die blauen Brüder auf, und da saß nun die ganze Bande und miaute, so laut sie konnte.

Man konnte sie nur zum Schweigen bringen, wenn man sie hineinließ, und da das nicht ging, solange noch Wasser in der Wanne war, konnten wir uns um des lieben Friedens willen nur etwa fünf Sekunden Zeit zum Baden lassen, mußten beim Herausspringen gleich den Stöpsel ziehen und die Öffentlichkeit zulassen, sobald der letzte Tropfen im Rohr vergurgelt war.

Sie hatten gar nichts Besonderes vor im Badezimmer, sie wollten nur überall mittun, wo etwas los war. Wenn Charles sich dann ärgerlich frottierte, betrachteten ihn vier Kätzchen vom Boden der Badewanne aus höchst interessiert, und Salomon, wie immer der neugierigste, wollte wissen, warum er beim Waschen sein Fell ausziehe und ob es nicht weh tue, wenn er's wieder anlege. Charles meinte manchmal, wenn er sein Bad auf dem Trafalgar Square nähme, würde er wahrscheinlich nicht so angestarrt.

Tatsächlich war Charles der Katzen damals ziemlich überdrüssig, weil sie ihm seine Karriere als Bogenschütze verdorben hatten. Er hatte einen Freund, der fanatischer Bogenschütze war. Eines Tages waren die beiden mit einem Farmer aus unserem Dorf auf die Hasenjagd gegangen, und Alfons hatte zum Spaß Pfeil und Bogen mitgenommen. Der Farmer schoß aus zwanzig Meter Entfernung auf einen Hasen und verfehlte ihn. Alfons, der unmittelbar danach aufs Geratewohl losschoß, durchbohrte den Hasen auf der Stelle. «Donnerwetter – der reine Robin Hood!» sagte der Farmer und starrte ihn ehrfürchtig staunend an. Und obwohl Alfons bescheiden sagte, es sei reiner Zufall gewesen, und ein zweites Mal würde ihm das nicht gelingen, war Charles doch mit dem Ehrgeiz nach Hause gekommen, auch ein Robin Hood zu werden.

Er fing an Bücher über das Bogenschießen zu lesen. Er kaufte sich einen Hut. Bei allen sportlichen Unternehmungen war für Charles die entsprechende Kopfbedeckung das Pünktchen auf dem i, obwohl er im Alltag nie einen Hut trug. Nun hatte er seinen Bogenschützenhut, jägergrün, mit aufgeschlagener Krempe und einem schmucken Fasanenfedergesteck eigener Erfindung. Jetzt mußte er nur noch schießen lernen. Eines Abends kam Alfons mit seiner Ausrüstung herüber, und die beiden Männer gingen den Hang hinauf, um zu üben.

Nach einer halben Stunde zog eine Prozession in die Küche ein. Charles an der Spitze zitterte wie Espenlaub und trug die blauen Brüder. Sulka marschierte nebenher, mit gesträubtem Schwanz und scheelen Blicks, plärrend, beinahe habe er sie alle ums Leben gebracht, und noch in dieser Nacht zögen sie aus. Dann kam Alfons ziemlich bestürzt herein, wie jeder, der zufällig erlebte, wenn unsere Siamkatzen loslegten. Weit hinten erschien die Nachhut: Salomon und seine Schwester, die glückselig Charles' Jägerhut an den Federn nach Hause schleiften.

Was sich ereignet hatte, ist schnell erzählt. Alfons hatte Charles alles gezeigt, die Haltung und wie man den Bogen spannt, er hatte seinen Pfeil über das Tal hinfliegen lassen und damit ein prächtiges Ziel in einer Eiche markiert. Charles, der ihn genau nachzuahmen versuchte, traf einen Stein kaum einen Meter vor sich. Der Pfeil war elegant nach rechts weggeprallt und vor seinen erschreckten Augen genau in der Mitte des Katzenaufgebots gelandet, das mit Salomon an der Spitze gerade über einem Geländebuckel auftauchte, um gespannt zu beobachten, was Charles da eigentlich mache. Verletzt war niemand. Aber Charles fühlte sich um zehn Jahre älter. Zwei Kilometer waren er und Alfons gelaufen, um einen sicheren Platz zu finden – doch die Katzen hatten Zentimeter für Zentimeter dieses Weges aufgespürt. Und wenn er über den Kanal ginge, sagte Charles bitter, wenn er nach Japan ginge oder sonst wohin, um Bogenschießen zu üben – «wetten, daß die Bande auftaucht im Augenblick, wenn ich ziele, und dann noch behauptet, ich hätte es mit Absicht getan?»

Ob das nun stimmte oder nicht – jedenfalls hatte es mit Charles' Bogenschützenehrgeiz ein Ende. Alfons ließ den abgestumpften Pfeil da; falls Charles seine Meinung ändern sollte, könnte er damit üben. Aber wer damit spielte, waren die Katzen, nicht Charles. Wir steckten ihn unter den Geschirrschrank, und von dort konnte er zu jeder Tageszeit unverhofft auftauchen, wie ein Sturmbock von zwei jungen Katzen an den Federn geschleppt, während die anderen zwei hinterherrannten und schrien, jetzt kämen sie dran: schnell, in den Garten damit!

Da wir allen möglichen Unfug von ihnen gewöhnt waren, fanden wir nichts dabei, wenn sie ihn herumzerrten, zumal wir ja wußten, daß der Pfeil stumpf war. Aber die alte Dame, die sich früher immer so darüber aufgeregt hatte, daß Sulka Überbleibsel auf der Straße fraß, und die sich's nun angelegen sein ließ aufzupassen, ob wir die Kätzchen auch richtig aufzögen, fiel eines Tages beinahe in Ohnmacht, als sie über die Mauer guckte und sah, wie die Jungen mit dem Pfeil durch den Garten zogen. Ob ich das für richtig hielte, fragte sie mich ganz außer Atem — sie war so schnell den Gartenweg hinaufgelaufen, daß sich der Staub, den sie aufwirbelte, noch nicht gelegt hatte — ob ich das für richtig hielte, wenn diese lieben kleinen Kätzchen mit einem so gefährlichen Wurfgeschoß spielten? Und der kleine Schwarze sitze mitten auf der Wiese und schreie so erbärmlich, daß sie wahrhaftig fürchte, er habe sich schon verletzt.

Besser, die Katzen spielen mit dem Pfeil als Charles, beruhigte ich sie. Und wenn der kleine

Schwarze noch einen einzigen Muckser tut, weil die anderen nicht zulassen wollen, daß er Häuptling spielt und den Pfeil ganz allein trägt, dann kriegt er sein Hinterteil so versohlt, daß er ein paar Tage lang nicht sitzen kann.

Vielleicht war es ein Trost, daß Charles ohnehin nicht viel Zeit zum Bogenschießen gehabt hätte. Er hatte in jenem Sommer alle Hände voll zu tun, um den Garten in Ordnung zu halten. Jetzt hatten wir nicht länger *eine* Katze, die überall im Garten Löcher grub, sondern fünf, und wenn eine losbuddelte, machten die anderen begeistert mit, so daß der Garten meistens einer Mondlandschaft glich.

Auf irgendeine Weise hatten die Kätzchen entdeckt, was ihre Mutter nicht herausgefunden hatte: daß man die Löcher zu einem praktischen Zweck und nicht nur zum Spaß graben konnte. Wenn unsere Gäste sich im Garten aufhielten, hatten sie nur allzu häufig den peinlichen Anblick von vier kleinen Katzen, die feierlich unter den Rosenstöcken hockten, die vier ruppigen Schwänzchen wie Streichhölzer von sich gestreckt, vier Paar blaue Augen zum Himmel erhoben, ernsthaft in Meditation versunken.

Das Dumme war, daß Salomon sein Meditieren nie lange genug ausdehnen konnte. Anfangs machte er alles wie die anderen – hob den Schwanz und starrte mit dem Ausdruck entschiedener Konzentration gen Himmel. Dann fingen seine Augen an abzuirren, und er erspähte einen von den blauen Brüdern in geringer Entfernung bei ähnlichem Tun. Nun vergaß er sein Vorhaben vollkommen und fing an, ihn um einen Pfingstrosenbusch zu jagen. Oder er stellte fest, daß das Loch nicht groß genug sei, begann es zu vergrößern und ließ sich dabei durch einen Käfer ablenken. Käfer tauchten immer nur in Salomons Löchern auf, bei den anderen nie. Tatsächlich geschah das so oft, daß wir zu dem Schluß kamen, es müsse immer der gleiche Käfer sein, der sich einen Jux machen wollte. Er verfolgte ihn dann quer durch den Garten, wobei er meistens wiederum abgelenkt wurde, durch eine Biene (die saß auf einer Blume und hat mich beleidigt) oder einen Vogel (der ist über meinen Kopf geflogen und hat was Freches gesagt), bis er schließlich völlig vergessen hatte, wo das erste Loch gewesen war, und wieder von vorn anfangen mußte.

Wenn die anderen längst eine neue Beschäftigung gefunden hatten, war Salomon immer noch eifrig bei der Arbeit und grub abwechselnd Löcher und jagte Käfer. Unzählige Male kratzte er, unmittelbar nachdem wir die Kätzchen aus dem Garten hereingeholt hatten, an der Tür und schrie, er sei noch nicht fertig und müsse nochmals raus. Wenn wir dann Mitleid

124

mit ihm hatten und ihn hinausließen, damit er sich ein neues Loch graben und sich daraufsetzen konnte, tauchte gleich der verwünschte Käfer auf, und alles fing wieder von vorne an.

Das Kistchen konnten wir natürlich trotzdem noch nicht wegstellen. Salomon stieg schließlich immer ins Kistchen, wenn wir ihn eine halbe Stunde nach allen anderen unter Protestgeschrei aus dem Garten hereinschleppten. Sulka benutzte stets die Kiste. Für eine Dame schicke es sich nicht, ihr Geschäft im Garten zu verrichten, miaute sie; sie wisse nicht, wo die Jungen diese gräßliche Gewohnheit aufgelesen hätten. Alle benutzten außerdem die Kiste vorm Schlafengehen. Das heißt, alle außer Salomon, den man gewöhnlich um zwei Uhr früh hören konnte, wenn er wie wild in seinem Kistchen herumscharrte.

Hieraus ergab sich ein neues Problem bei der ohnehin so komplizierten Katzenzucht: das Herbeischaffen der Erde für die verschiedenen Kisten. Nach einem hitzigen Streit mit Charles, der sich entschieden weigerte, zog ich zweimal in der Woche mit Schubkarre und Spaten in das Gehölz und holte eine Ladung Walderde. Das Problem – oder eher: das Risiko – lag darin, daß alle Katzen darauf bestanden, mitzukommen.

Ich konnte machen, was ich wollte – es gelang mir nicht, unbemerkt fortzukommen.

Manchmal ließ ich den Karren draußen auf dem Weg und wartete auf einen günstigen Moment, um zu entwischen und ihn schnell zu holen. Das half aber auch nichts. Einer hatte immer aufgepaßt; verborgen im Flieder, der so bequem über eine Ecke des Daches vom Kohlenschuppen hing; ostentativ auf der Lauer an der Ecke der Holzlege; oder, wenn es Salomon war – der saß einfach im Schubkarren und wartete darauf, daß es losging.

Es war schlimm genug auf dem Hinweg. Kätzchen im Schubkarren; Kätzchen, die aus dem Karren purzelten; Sulka, die nebenhermarschierte und allen Leuten entgegenschrie: «Schau her, wir gehen Walderde holen»; und nach den ersten paar Minuten heulte weit hinten irgend jemand – meistens Salomon – ganz aufgeregt, wir sollten auf ihn warten, er komme nicht nach.

Die eigentlichen Scherereien begannen indessen erst auf dem Heimweg, wenn sie mit Widerwillen feststellten, daß es nur nach Hause ging. Dann kletterten sie auf jeden Baum, der am Wege stand, und gaben freudig gurrend bekannt, hier blieben sie, sie wären kleine Vögelchen. Nur Salomon nicht, der setzte sich unter den Baum und hielt sich offenbar für einen Pilz. Sie versteckten sich im hohen Gras und kamen dann, wenn ich sie aufgeregt in der einen Ecke rief, plötzlich aus der entgegengesetzten Richtung über die Löwenzahnblüten herangesprungen. Immer wischte eins dem anderen etwas aus. Ein Spiel, bei dem der Jäger sich heimlich anpirschte und das Opfer noch heimlicher einherschlich, konnte ewig dauern – besonders dann, wenn das Opfer die kleine Sheba war, die es gar nicht schätzte, angesprungen zu werden, und sofort in entgegengesetzter Richtung davonlief. Sie benahmen sich nicht einmal, wenn wir wieder in die Zivilisation zurückkehrten. Dann trödelten sie vor jeder Gartentüre herum und schrien entweder nach mir, ich solle kommen und sie holen, sie hätten Angst dort vorbeizugehen – auch Sulka machte hier mit – oder, wenn drinnen was Aufregendes zu sehen war, etwa ein Baby im Kinderwagen oder eine offene Haustür, so marschierte der ganze Trupp hinein und schaute sich das an.

Wenn ich von einem solchen Ausflug heimkam, war ich oft so erschöpft, daß ich mich hinlegen und meine angegriffenen Nerven wieder zur Ruhe kommen lassen mußte. Richtig erholen konnte ich mich freilich nie. Hatte ich die Katzen im Garten gelassen, so lag ich und überlegte, was sie nun wohl anstellten. Einmal, als ich einem verdächtigen Schweigen auf den Grund gehen wollte, kam ich gerade noch rechtzeitig, um sie in der Ferne verschwinden zu sehen: sie wollten die ganze Expedition noch einmal machen. Nahm ich sie mit mir ins Schlafzimmer, so spielten sie entweder Fangen über das ganze Bett, oder sie setzten sich alle auf mich und sagten, sie wollten auch schlafen. Ließ ich sie unten im Haus, so war das gewöhnlich ein Signal für Sulka, ihnen zu zeigen, wie man Shorty herunterholt.

Wenn ich den Krach hörte, stand ich auf und schleppte mich müde die Treppe hinunter, schließlich konnte man nie wissen. Ich täuschte mich nicht. Denn als ich eines Tages hinunterkam, stellte ich fest, daß der Sessel nicht an der gewöhnlichen Stelle stand, und Shorty rannte auf dem Fußboden wie verrückt im Kreis herum und versuchte gegen die vier jungen Katzen aufzukommen, während Sulka auf der Sessellehne saß und sie mütterlich mit sanften Zurufen ermutigte, mit dem hübschen Vögelchen zu spielen, weglaufen könne es ja nicht.

Das ist mir deshalb so gut in Erinnerung geblieben, weil es das letzte Abenteuer war, das sie als Familie erlebten. Am nächsten Tag zog einer von den blauen Brüdern nach einem letzten Spiel in sein neues Heim. Mir stiegen Tränen in die Augen, als ich sah, wie das kleine blaue Pfötchen aufgeregt durch die Luftlöcher des Korbes nach den Brüdern und Schwestern langte. Und tags darauf – plötzlich, tragisch, unfaßbar – war Sulka tot.

## Der Drachentöter

Sulka starb, nachdem wir sie sterilisieren ließen. Wir hatten beschlossen, keine Katzen mehr zu züchten. Nicht daß wir ihrer überdrüssig gewesen wären. Obwohl sie unser Haus auf den Kopf gestellt und unsere Nerven stark beansprucht hatten, hätten wir doch nichts lieber getan als weiterhin lärmende, despotische und doch so bezaubernde Siamkätzchen aufzuziehen.

Betrachteten wir jedoch die praktische Seite, so zeigte sich, daß es in unserer entlegenen ländlichen Gegend nicht einfach war, die jungen Katzen zu verkaufen. Meldete sich schließlich doch jemand, so war er entsetzt über den Preis, den wir verlangten. Man schien zu glauben, daß junge Katzen auf dem Lande billiger sein müßten wie Gemüse. Eine Frau sagte uns ins Gesicht, das ganze Siamkatzengeschäft sei ein Schwindel. Leute mit gewöhnlichen Katzen dankten Gott, wenn sie jemanden fänden, der ihnen ein Junges abnähme. «Katzen vermehren sich wie Fliegen, das Aufziehen der Jungen kostet nichts – ich möchte doch wissen, wo da ein Unterschied ist!»

Der Unterschied lag darin, daß wir für Sulka viel Geld bezahlt hatten. Auch die Paarung mit einem erstklassigen Kater war nicht umsonst gewesen, und die Kätzchen waren nicht mit Brotresten und Milch, sondern mit der wohlabgewogenen Diät aufgezogen worden, die für Siamkatzen unerläßlich ist. Gewöhnliche Kätzchen verlassen ihre Mutter mit vier bis sechs Wochen, aber Sulkas Junge entwickelten sich langsam, und kein Züchter, der den Namen wirklich verdient, würde eine junge Siamkatze verkaufen, die nicht mindestens zehn bis zwölf Wochen alt ist.

Der erste der blauen Brüder war vierzehn Wochen alt, als er uns verließ. Zählte man zu den Ausgaben für das Futter noch den Betrag für die Impfung gegen Magen-Darmkatarrh – die ebenfalls unerläßlich ist, denn die Sterblichkeit junger Siamkatzen an dieser Krankheit ist erschreckend hoch –, so kamen wir zur Not mit unserem Preis gerade auf unsere Kosten.

Natürlich konnten wir das Züchten nicht fortsetzen, um dann mit Verlust zu verkaufen. Man sagte uns allerdings, mit dem ersten Wurf hätten viele Züchter diese Schwierigkeiten, wären wir erst einmal bekannt, so würden wir mühelos verkaufen können. Doch wir fanden, daß wir Sulka in erster Linie zu unserem Vergnügen gekauft hatten und daß sie, seit die Jungen da waren und sie sich so ausschließlich mit ihnen beschäftigen mußte, uns zweifellos entfremdet worden war. Auch war sie jetzt sehr mager und nervös, und wir wollten nicht, daß sie ihr ganzes Leben lang so geplagt sein sollte. Wir beschlossen daher, sie und Salomon einfach zu unserem Vergnügen zu behalten. So ließen wir sie sterilisieren, was heutzutage in neunundneunzig von hundert Fällen völlig ungefährlich ist. Als Mimi später der gleichen Operation unterzogen wurde, überstand sie sie ohne Folgen. Doch Sulka starb.

Betäubt begruben wir sie unter dem Apfelbaum, dort, wo wir sie noch am Abend vorher beobachtet hatten, wie sie, den blauen Pelz vom Winde aufgeplustert, mit ihren drei Jungen Fangen gespielt hatte. Wir sperrten die Kleinen ein, während wir Sulka begruben, damit sie's nicht sehen sollten, aber als wir ins Haus zurückkehrten und der traurige Rest des Trupps uns zur Begrüßung entgegenstürmte, kamen wir uns vor, als hätten wir jemanden umgebracht. Wir konnten Sulka nicht vergessen. Eine Zeitlang dachten wir sogar daran, den anderen blauen Bruder zurückzukaufen und so ihre Familie zusammenzuhalten – aber das war unmöglich. Nicht nur wären die Futterkosten unerschwinglich geworden – zusehen müssen, wie vier Siamkatzen unsere Steppdecken ruinierten, uns im Hause herumkommandierten und an allen Ecken und Enden Scherereien machten – nein, bei aller Sympathie, das hätten wir nicht ausgehalten.

So kam der zweite blaue Bruder zu Freunden, die er wie ein echter siamesischer Despot vom ersten Tag an tyrannisierte. Jedesmal wenn wir später von ihm hörten, hatte er gerade wieder irgend etwas zerschlagen. Unsere Freunde sagten, er habe sich aufgeführt, als sei das bei ihm zu Hause so üblich gewesen. Seine Schwester blieb bei uns und nahm den Platz ihrer Mutter ein. Wir hatten sie – mit mehr Recht als wir damals ahnten – Sheba genannt. Und Salomon nahm mich als Adoptivmutter an.

Sheba vermißte ihre Mutter kaum. Sulka hatte ja ohnehin ihre Söhne vorgezogen, und Sheba hatte schon lange ihre Zärtlichkeit auf Charles übertragen, den sie, wann immer sie wollte, mit einem einzigen Aufschlag ihrer blauen Wimpern zum Sklaven machte. Aber Salomon war der Liebling seiner Mutter gewesen, und er vermißte sie schrecklich. In der Nacht nach ihrem Tod nahmen wir die Jungen zu uns ins Bett, zu unserem eigenen Trost ebensosehr wie zu ihrem. Sheba und der blaue Bruder ließen sich wie erwartet auf einer Ecke der Steppdecke nieder, putzten sich gegenseitig und schliefen sofort ein. Salomon jedoch verbrachte lange Zeit damit, traurig auf dem Bett auf und ab zu traben, und maunzte, er habe Hunger – mit vierzehn Wochen war er als einziger noch nicht ganz entwöhnt –, bis er schließlich aufhörte zu suchen, in meine Arme kroch und mit einem kleinen traurigen «Wuuuuh» meinte, wenn Sulka ihn nicht mehr haben wolle, dann müsse eben ich seine Mama sein.

Das war zwar rührend, aber es hatte auch seine Schwierigkeiten, Salomons Mutter zu sein. Es bedeutete unter anderem, daß ich Wange an Wange mit ihm schlafen mußte, wann immer er und seine Schwester es fertigbrachten, dem abendlichen Einsperren im Gästezimmer zu entgehen, indem sie sich unter dem Bett versteckten oder ganz besonders verlassen dreinschauten. Sheba erkor sich nach einem einzigen kurzen Versuch, sich bei Charles einzunisten, den Kleiderschrank als Schlafplatz. Da schlägt wenigstens keiner um sich, meinte sie.

Anders Salomon. Ich konnte mich drehen, wie ich wollte – wenn ich mitten in der Nacht ein Auge auftat, lag immer ein schwarzes Köpfchen auf meinem Kissen, so eng es nur ging, an meines geschmiegt mit leise im Schlaf zuckenden Fledermausohren. Salomon hatte seine Mama lieb gehabt, genau wie ich, und ihn zu trösten war das wenigste, was ich tun konnte. Dennoch blieb ich in einigen Punkten hart. Hatte Salomon Fisch oder Knoblauchwurst zum Abendbrot gehabt, mußte er in einem anderen Zimmer schlafen, er mochte noch so jämmerlich klagen, er sei eine Waise und mit Waisen müßte man doch Erbarmen haben.

Salomons Mama zu sein, bedeutete auch, daß er nur mir gehorchte (was allerdings dadurch ausgeglichen wurde, daß Charles der einzige war, auf den Sheba hörte) und daß er von mir erwartete, ich würde ihn aus jeder Schwierigkeit erretten, in die er geriet. Da nun Salomon der unverbesserliche Prahlhans der Familie war, war das sozusagen eine tagesfüllende Beschäftigung.

Als erstes erklärte er, nachdem Sulkas strenge, wenn auch inkonsequente Aufsicht entfiel, allen Hunden den Krieg. Von jetzt an, gab er zu verstehen, dürften Hunde nicht einmal mehr durchs Gartentor gucken. Täten sie's, beim Zeus, dann sollten sie was zu sehen kriegen, das ihnen das Blut erstarren ließe: Salomon, der sie seinerseits anguckt.

Während aber Sheba, wenn sie ärgerlich war, wirklich wild aussehen konnte — sie legte dann die Ohren so flach an den Kopf, daß es den Anschein machte, sie trüge eine Stoffkappe, und wenn sie dazu noch schielte, war sie zum Fürchten —, brachte es Salomon bestenfalls fertig, bekümmert auszusehen. Trotzdem hatte er Erfolg. Die Pfarrersfrau und ihr Pekinese kriegten Mordsangst vor ihm, als er in ihrem Falle ein übriges tat, unter dem Gartentor durchkroch und ihnen die Gasse hinauf folgte, wobei er seitwärts ging wie ein Krebs und einen Buckel machte, als wolle er sie gleich anspringen. Er buchte auch einen glorreichen Sieg über einen Dalmatinerhund, der, wie mir seine Herrin erzählte, als junges Tier einst böse zerkratzt worden war und seitdem eine Heidenangst vor Katzen hatte. Der schnupperte hingebungsvoll an einem Zweig Wiesenkerbel vor unserem Tor und fiel beinahe in Ohnmacht, als er Salomon erblickte, der ihn aus nächster Nähe um sein Hinterbein herum anschielte. Er gab einen angstvollen Kläffer von sich und floh den Berg hinauf, als wäre der Teufel hinter ihm her.

Da war eine spezielle Sache, auf die wir jetzt immer aufpassen mußten. Wir konnten keine Tür zumachen, ehe wir nicht nachgeschaut hatten, ob nicht etwa Sheba oben saß, um Salomon zu ärgern. Immer wenn ihr seine Angeberei zu sehr auf die Nerven ging oder sie es satt hatte, sich von ihm unterwerfen zu lassen, bloß weil er seine Überlegenheit zeigen wollte, sprang sie leichtfüßig auf die nächste Tür und guckte vielsagend auf ihn hinunter.

Salomon wußte ganz genau, was sie damit sagen wollte. Sie erinnerte ihn daran, daß er nicht springen konnte, und er fühlte sich jedesmal tief getroffen. Dann dachte er nicht mehr an seine eigene Bedeutung und nicht mehr an die Hunde so groß wie Elefanten. Er setzte sich auf die Rückenlehne eines Sessels – näher konnte er nicht an Sheba herankommen – und heulte vor Ärger. Das heißt, einmal ging es anders, da hatte er eine großartige Idee. Mitten im ersten Geheul verließ er plötzlich seinen Sessel, raste die Treppe hinauf und verkündete nach ein paar ge-

dämpften Schlägen mit einem Schrei, daß auch
er auf einer Tür sitze. «Kommt und seht!» Es
stimmte wirklich. Die Schläge hatte er verur-
sacht, als er sich mühevoll an Charles' Morgenrock emporhievte, der hinter der Schlafzimmertür hing. Nun balancierte er wackelig, aber
triumphierend oben auf der Tür. Charles und
ich lobten ihn überschwenglich und taten so, als
wüßten wir nichts von dem Morgenrock, aber
Sheba war jeder Großmut bar. Sie ging um die
Tür herum, schnupperte anzüglich am Saum des
Morgenrocks, und als sie dann auf Charles'
Schulter die Treppe herunterritt und Salomon
seinem Triumph überließ, öffnete sie ihre
kleine blaue Schnauze zu einem unmißver-
ständlichen «Jaaa».
   Sie hatte auch recht. Wir waren kaum unten
angekommen, als von oben schon wieder gel-
lendes Geschrei ertönte. Nur war es diesmal
kein Triumphgeschrei. Salomon, in der schwin-
delnden Höhe von zwei Metern sich selbst
überlassen, brachte es nicht fertig, sich den
Morgenrock auch zum Abstieg zunutze zu machen, und stieß infolgedessen den vertrauten
Hilferuf aus: «Jemand muß kommen und mich
ganz schnell retten, ich kann nicht runter.»
   Wenig später gab Salomon seine Fehde gegen das Hundegeschlecht auf. Einer jagte ihn
nämlich einen Baum hinauf, und Salomon er-

reichte, das erste und einzige Mal in seinem
ganzen Leben, den Wipfel. Zwei Meter hätten
ja auch genügt, aber unser Salomon wollte es
nicht darauf ankommen lassen. Bis ganz oben
rauf, hatte Mama immer gesagt, und so kletterte
er eben bis ganz oben rauf. Unglücklicherweise
wählte er eine zwölf Meter hohe Fichte am
Hang, so daß wir die Feuerwehr alarmieren
mußten, um ihn wieder herunterzubringen.
«Wie'n kleiner Stern auf 'm Christbaum sieht er
aus, nich'?», sagte der Mann an der Winde und
blickte dabei zärtlich durch die Zweige hinauf,
wo Salomon sich schreckensstarr an den Wipfel
klammerte und vor dem Abendhimmel traurig
hin und her schwankte. Der Mann, der die Leiter hinaufsteigen mußte, drückte sich etwas anders aus. Also an unserer Stelle würde er ihn in
einen Käfig sperren. Nun, die Sache war Salomon immerhin eine Lehre. Er machte niemals
wieder Jagd auf Hunde. Statt dessen verlegte er
sich auf die Katzenjagd, und Sheba kam aus
dem Pflaumenbaum herunter und half ihm dabei.

In erster Linie hatten sie es auf eine schild-
pattfarbene Katze namens Annie abgesehen, die
bei einer alten Dame weiter unten in der Straße
wohnte. Sulka hatte sich als junge Katze Annies
Freundschaft gefallen lassen. Als sie aber heran-
wuchsen und Sulka sich ihrer Herkunft bewußt

wurde, gaben sie sich kaum mehr miteinander ab; trotzdem pflegte Annie auf der Gartenmauer zu sitzen und Sulkas Jungen beim Spielen zuzusehen. Allerdings nicht mehr, nachdem Salomon verfügt hatte, daß keine Katzen mehr hereingucken durften. Wenn wir nun Annie zu Gesicht bekamen, dann jedesmal an der Spitze eines komischen Aufzugs, der x-mal am Tag an unserem Gartentor vorüberdefilierte: An der Spitze Annie, die flach auf dem Bauch kroch und verschreckt über die Schulter zurückblickte, gefolgt von Salomon, der, ebenfalls flach auf dem Bauch, mit gesträubtem Walroßbart verstohlen hinter ihr herschlich wie ein Bösewicht in der Operette; und zuhinterst Sheba, die sorgfältig alle Pfützen vermied und guckte, ob Charles auch zusehe.

Sie gaben niemandem Pardon. Jedenfalls fast niemandem. Als sich Mimi eines Tages auf der Straße umdrehte und die beiden hinter sich herschleichen sah, gab sie jedem eine Ohrfeige. Darauf beschlossen sie, mit Mimi eine Ausnahme zu machen, da sie ja schließlich auch eine Siamkatze war. Kein Erbarmen aber kannten sie, als sie nach einer Regennacht eine verirrte Tigerkatze mit ihrem Jungen im Garten fanden, wo sie in einem Frühbeet Zuflucht gesucht hatte. Ich trug, gerührt vom Anblick des winzigen heimatlosen Kätzchens, das da auf der bloßen Erde schlief, Brot und Milch hinaus. Salomon und Sheba starrten mich ganz verständnislos an. Ob ich denn nicht wüßte, daß das ganz gefährliche Subjekte wären? In unserem Garten? Die uns wahrscheinlich alles wegfressen würden? Und wahrscheinlich auch noch Flöhe hätten, schien Sheba hinzuzufügen, die ihrer Mutter von Tag zu Tag ähnlicher wurde. Im Augenblick, als die alte Katze, durch ihre schrecklichen Drohungen geängstigt, das Frühbeet verließ und über die Mauer huschte, handelten Salomon und Sheba. Sie schlüpften hinaus, knurrten das Kätzchen bösartig an – Sheba mit angelegten Ohren und Schielaugen – und fraßen ihm Brot und Milch weg. Das sollte ihm eine Lehre sein! Es machte sich davon, so schnell es seine kleinen weißen Pfötchen tragen konnten, und schrie wie wild nach seiner Mama. Nie wieder ließ es sich bei uns blicken.

Natürlich ereilte die beiden Frechdachse schließlich doch ihr Schicksal. Wenigstens Salomon. Sheba saß auf einem Baum, als es passierte. Sie sagte ihm immer wieder, der schwarzweiße Kater aus dem Bauernhof gehöre zu den Schlimmen, vor denen Mama sie immer gewarnt habe – aber er wollte nicht hören. Er sei der Drachentöter, meinte er wohl, und ebenso schnell, wie ich ihn in den sicheren Garten zurückholte, war er auch schon wieder draußen,

setzte sich auf die Straße und spuckte Gift und
Galle.

Nachdem der schwarzweiße Kater Salomon
fast eine Stunde lang ungläubig angestarrt hatte,
machte er eine Kehrtwendung und trollte sich
in den Wald. Salomon platzte fast vor Stolz.
Lange nachdem er seinem Feind ins Unterholz
gefolgt war, konnten wir noch hören, wie er der
Welt mitteilte, was für ein Kerl er sei und daß
alle Katzen Angst vor ihm hätten.

Ein paar Minuten später hörte man ein gräß-
liches Geschrei, und die beiden fuhren wie aus
der Pistole geschossen aus dem Gebüsch heraus
– zu unserer Überraschung, denn aus dem Lärm
hatten wir geschlossen, daß er Salomon umgebracht habe. Sheba jedenfalls hatte sich so hoch
wie möglich in den Pflaumenbaum geflüchtet.
Wir erhaschten also nur gerade einen flüchtigen
Schimmer von dem Kater, wie er in die Straße
einbog und in einer Staubwolke den Berg hin-
aufraste – er sah aus, als habe er ein Gespenst
gesehen. Das Komische war, daß Salomon sich
im gleichen Zustand befand. Obwohl er scheinbar keinerlei Schaden genommen hatte, flüchtete er ins Haus und versteckte sich unter dem
Bett.

Später am Abend kam ein wahrlich sehr be-
trübter kleiner Salomon herausgekrochen und
trank ein Schüsselchen Milch. Jetzt sahen wir,

was geschehen war. So etwas konnte nur ihm passieren. Bei dem Versuch, gleichzeitig zu spucken, zu reden und fürchterlich auszuschauen, hatte er sich die Zunge glatt durchgebissen. Es störte ihn überhaupt nicht, obwohl die Zunge gespalten blieb wie bei einer Eidechse. Um Salomon am Schimpfen oder Essen zu hindern, hätte es ganz anderer Ereignisse bedurft. Allerdings gab er eines auf – die Jagd nach dem Bauernkater. Jedesmal, wenn später der Feind in Sicht kam – überaus vorsichtig, weil er sich von Salomon geschlagen wähnte und keine zweite Begegnung wünschte –, wußten wir genau, wo unser Drachentöter zu finden war. In unserem Schlafzimmer, unter der Steppdecke.

# Mäusespuk

Manchmal fragten wir uns, was wir verbrochen hatten, daß wir mit solchen Katzen gestraft waren. Da war zum Beispiel die Amerikanerin, die wir in Florenz trafen. Sie konnte es sich leisten, mit gefalteten Händen vor einem Bild zu stehen und voller Begeisterung ein Gedicht zu deklamieren. Sie konnte es sich leisten, beim Anblick von San Marco verzückt zu verweilen. Sie hatte Zeit für so etwas. Sie war nicht von zwei schlitzäugigen Tyrannen so durcheinander, daß sie die Platzkarten für den falschen Tag bestellte. Sie litt nicht an den Nachwirkungen der letzten Fahrt zur Katzenfarm, auf der Sheba unablässig Charles ihr «Verschone mich!» vorgejammert und Salomon aus Leibeskräften Autodecken gefressen hatte. Ihre Katzen wußten sich zu benehmen.

Sie hatte drei, lauter Siamkatzen. Im Winter lebten sie anmutig in einer New Yorker Wohnung und dachten nicht im Traum daran, auf die Türen loszugehen, um ins Freie zu kommen. Im Sommer reisten sie zusammen mit einem Boxer, einem Cello, einer Nähmaschine und dem Gatten, der Mitglied des New Yorker Philharmonischen Orchesters war, hinauf nach Maine, wo sie drei glückliche Monate mit Jagen verbrachten.

«Einfach großartig sind sie auf der Reise», sagte sie. Etwas schwierig seien einzig die achthundert Kilometer, so daß man eine Nacht im Hotel verbringen müsse, wo Hunde zwar erlaubt seien, aber man nie wisse, wie der Besitzer zu Katzen stehe. Sie hätten aber einen Ausweg gefunden und drei Reisekörbe anfertigen lassen, die wie Handkoffer aussähen. Wir bewunderten diese Findigkeit. Wenn sie dann im Hotel ankamen, wurden die Katzen in die Körbe gesteckt und mit dem Gepäck hineingetragen, nachdem man sie ermahnt hatte, sich still zu verhalten.

«Und sie sind wirklich still?» fragte ich und hatte eine schreckliche Vision: Salomon, wie er kreischend in seinem Korb in die Katzenfarm getragen wurde und aus jedem Loch, das er finden konnte, lange schwarze Pfoten herausbaumeln ließ.

«Aber ja», sagte sie. «Nachdem sie das Gelände ausgekundschaftet und festgestellt haben,

144

daß alles in Ordnung ist, richten sie sich so still
ein, daß man ihre Gegenwart kaum bemerkt. Sie
wollen doch genauso gern nach Maine wie
wir!»

Während wir noch mit offenen Mündern da-
saßen, erzählte sie uns von Clancy. Das war nun,
wie sie selbst zugab, wirklich etwas Besonderes.
Clancy war ein Siamkater erster Güte; er gehörte einer Freundin von ihr in New York. Er
war schön und er war zärtlich, und seine Kinder
waren so prächtig, daß seine Dienste in ganz
New York verlangt wurden. Das Üble war nur,
er mußte so viel rohes Fleisch fressen, um bei
Kräften zu bleiben, daß die Fleischerrechnung
horrend war und durch seine Einnahmen keineswegs gedeckt wurde. Dieses finanzielle Problem hatte dem Gatten von Clancys Besitzerin
– einem Börsenmakler – eine Zeitlang ziemlich
Kummer bereitet. Dann fand er die Lösung. Er
eröffnete ein Konto auf Clancys Namen, legte
alle Deckeinnahmen in Papieren an, und Clancy
war nun die reichste Katze der New Yorker
Börse. Meinten wir nicht, fragte sie, indem sie
rasch den restlichen Kaffee hinunterschüttete –
sie hatte noch viel vor an diesem Nachmittag –,
daß das eine großartige Sache sei? Ganz bestimmt, sagten wir.

Mochten unsere Katzen auch nicht gerade
Zauberer an der Börse sein, so bestand doch

kein Zweifel, daß sie großartige Schauspieler abgegeben hätten. Sheba konnte in ihrer zarten, großäugigen Unschuld ein Herz aus Stein zum Schmelzen bringen, auch wenn alles nur Heuchelei war, und Salomon konnte unwahrscheinlich tragisch dreinblicken, wenn er saß und man seine Spinnenbeine nicht sah, die jetzt so lang waren, daß er einen Gang hatte wie ein Kamel.

Als Team waren die beiden unwiderstehlich; das wußten sie ganz genau. Wenn sie Seite an Seite auf dem Kaminteppich saßen, Sheba demütig das Pfötchen hob, um Salomon zu putzen, und Salomon sich gelegentlich mit einem zärtlichen Schmatz revanchierte, der sie beinahe umwarf – dann hätte keiner unserer Gäste geglaubt, daß sie sich, unmittelbar bevor die Türglocke ging, wie Straßenkatzen darum gebalgt hatten, wer den besten Platz auf Charles' Schoß einnehmen dürfe. Wer sie sanftmütig hinter dem Pfarrer den Berg hinuntertrotten sah, der sie nun schon zum x-ten Mal in dieser Woche vor seinem Gartentor gefunden hatte, wo sie jammerten, sie hätten sich verlaufen, der hätte nicht geglaubt, daß dies für die lieben kleinen Kätzchen ein Spaß war wie für Kinder Türglokken zu läuten und davonzulaufen. Wir allerdings wußten Bescheid, denn wir hatten gesehen, wie sie vorher entschlossen den Berg hinaufmarschiert waren, ohne auf unsere Rufe zu hören, und wie sich ihr zielbewußtes Ausschreiten vor unseren Augen in ein hilfloses Hin- und Hertrippeln verwandelte, als sie um die Ecke bogen.

Aber selbst wir staunten, als wir erfuhren, daß man sie jeden Tag, wenn wir im Büro waren, um vier Uhr dreißig im Dielenfenster sitzen sehen konnte, von wo sie sehnsüchtig den Hang hinaufstarrten und Vorübergehende anflehten, sie möchten ihnen doch sagen, wann wir heimkämen. Wenn wir kurz nach fünf eintrafen, schliefen sie immer fest in einem Lehnstuhl und spielten so wunderbar Augenblinzeln, Gähnen und völlige Überraschung über unsere frühe Heimkehr, daß wir es nicht glauben mochten. Bis wir eines Abends heimkamen und sie in tiefem Schlaf, die Dielenvorhänge aber in der Katzenschüssel fanden. In einem Dorf bleibt nichts verborgen. Es muß kurz nach vier passiert sein, als Salomon offenbar gerade für die Schau um vier Uhr dreißig aufkreuzte. Die Frau, von der wir es wissen, erzählte uns, er habe wie ein Affe mit dem Kopf nach unten an einer Gardine geschaukelt und sei schließlich mit einem furchtbaren Krach hinuntergesaust; hoffentlich habe er sich nicht weh getan.

Salomon war nichts passiert. Nur hatte sein Gewicht – Fressen war damals seine Lieblingsbeschäftigung, und ich muß leider gestehen, daß wir ihn unter uns nur noch «Dickerchen» nannten – nicht nur die Gardinen heruntergerissen, sondern auch die Mauerhaken, mit denen sie in der Wand befestigt waren. Doch wir konnten ihm nicht allzu böse sein. Er hatte nur Sheba nachgeahmt, die oft mit dem Kopf nach unten an den Gardinen schaukelte, um Charles zu erheitern. Immer äffte Salomon ·Sheba nach. Wenn er auch ein Prahlhans war, immer geräuschvoll, immer in irgendwelche Abenteuer verwickelt – unter all dem barg sich der kleine, sehnsüchtige Clown Salomon, der mit aller Kraft danach strebte, überall Hauptperson und Spitzenreiter zu sein, und sich doch in rührender Weise bewußt war, daß es dazu eben nicht langte. Sheba dagegen war ein wahres Wunderkind. Winzig und zart wie ein Blümchen, konnte sie laufen wie der Wind, kletterte wie ein Affe und war ausdauernd wie ein Ochse.

Am meisten beneidete Salomon sie um ihre Geschicklichkeit bei der Jagd. Salomon war als Jäger ein hoffnungsloser Fall. Den Mäusefang an der Gartenmauer stellte er sich nun einmal anders vor als Sheba, die geduldig auf der Lauer lag. So machen's die kleinen Mädchen, meinte er. Er fauchte drohend ins Mauseloch hinunter, und wenn die Mäuse dann nicht herauskommen und sich wie Männer zum Kampf stellen wollten, fuhr er mit seiner langen schwarzen Pfote hinein und versuchte sie herauszuangeln.

Setzte er sich einmal mit Sheba hin, um etwas zu beobachten – wobei er äußerst bedeutend aussah, den Kopf schmal vorgestreckt, die schwarze Nase auf der Fährte –, dauerte es keine fünf Minuten, und Salomon, der Tatenlosigkeit nicht ertrug, war entweder aus purer Langeweile fest eingeschlafen oder hatte den Kopf um einhundertachtzig Grad gedreht und miaute eifrig auf einen vorüberfliegenden Schmetterling ein.

Die Folge war, daß Salomon nicht ein einziges Mal in seinem Leben irgend etwas «frisch» fing. Einmal hatte er eine Blindschleiche erwischt und war so begeistert darüber, daß er vor Aufregung auf ihren Schwanz sprang statt auf ihren Kopf, und da riß sie aus.

Wir wußten, daß das sein geheimer Kummer war. Der Ausdruck seines Gesichtes war rührend, wenn er zusah, wie Sheba sich brüstete und aufspielte, ehe sie ihre Mäusetrophäen uns vor die Füße legte. Manchmal, wenn er es nicht länger ertragen konnte, kam er auf seinen langen, traurigen Spinnenbeinen angetrottet, mit gesenktem Kopf, damit Sheba nicht sehen sollte, was er brachte, und präsentierte uns ein welkes Blatt. Er setzte sich dann hin, guckte uns seelenvoll in die Augen und legte sein ganzes kleines Siamesenherz in die Bitte, wir möchten

149

doch so tun, als habe auch er etwas gefangen. Es war eine herzzerreißende Szene – nur wußten wir leider, daß Salomon, sobald es ihm gelang, Sheba ihre Beute zu entreißen, im Nu ganz andere Seiten hervorkehrte.

Dann warf er die Maus hoch in die Luft, sprang danach und fing sie mit den Tatzen, schleuderte sie quer durchs Zimmer, damit es auch bestimmt jeder sah (man tat besser daran, sich in diesem Stadium außer Reichweite zu halten, Charles kriegte einmal eine Maus direkt in seine Tasse und konnte dann tagelang keinen Tee hinunterbringen), kurz, Salomons wahres Ich erschien in vollem Glanz.

Das ist meine Maus, sagte er, fauchte über den Leichnam Sheba an und forderte sie heraus zurückzufauchen. Aber Sheba konnte man so nicht imponieren. Sie saß gelassen da, grinste Charles an und sagte, ist er nicht albern, so anzugeben, wo es doch nur eine gebrauchte ist. Es ist ja meine. Es sei seine Maus, sagte Salomon, hockte sich schützend darüber, als der Pfarrer auf Besuch kam, und fügte auch noch ohne Gewissensbisse hinzu, die hab ich ganz allein gefangen. Er plärrte so lange in die Gegend, das sei seine Maus, bis es niemand mehr anhören konnte und Sheba sich auf eine Tür setzte, oder die Maus – noch nicht tot – ihn überrumpelte, aufsprang und weglief. Darüber erschrak er dann so, daß er einen meterhohen Luftsprung machte.

Eine Feldmaus entschlüpfte Salomon einmal, während er dem Milchmann gegenüber damit auftrumpfte, wie er sie gefangen habe, und verschwand in einer Schranktür. Was weiter mit ihr geschah, konnten wir nie ergründen, aber als Charles das nächste Mal seinen Dufflecoat aus dem Schrank nahm, fielen alle Knebelknöpfe herunter.

Mit Spitzmäusen passierte das Salomon mehrere Male. Diese Gattung lernten wir mit der Zeit gut kennen; nicht nur lebendige Exemplare, die nach einem Weg aus unserem Haus suchten, sondern auch tote, die Sheba säuberlich unter den Dielenteppich stopfte. Sie wollte sie für ihre Sammlung pressen, sagte sie, und es mache nichts, wenn wir ein bißchen draufträten.

Ehe wir die Katzen hielten, hatte ich nur einmal in meinem Leben eine Spitzmaus gesehen, und zwar kam sie um die Ecke gesaust, als ich gerade neben dem Haus eine Blumeneinfassung mit dem Spaten beseitigt hatte. Sie war heimatlos geworden, und ich sehe sie noch vor mir, wie sie eilig auf dem Steinpflaster hin und her hastete und ihren Augen nicht traute, weil ihre Haustür verschwunden war, und ich mit schlechtem Gewissen ebenso eilig hinter ihr her, wobei ich überlegte, ob es gefährlich sei, sie aufzuheben

und ihr dabei zu helfen, einen neuen Eingang
zu finden. Von manchen Leuten hatte ich gehört, Spitzmäuse seien so ängstlich, daß sie stür-
ben, wenn man sie anfasse, von anderen wieder,
sie bissen. Wer recht hatte, erfuhr ich damals
nicht. Aber mit Salomon und Sheba im Haus,
wußte ich es bald genug: Spitzmäuse beißen.

Charles und ich wurden beide bei verschiedenen Gelegenheiten gebissen. Ich von einer,
die Salomon voller Freude nach einem ersten
Fluchtversuch in der Küche gestellt hatte. Er
spielte mit ihr, und als ich ängstlich die Hand
ausstreckte, um sie aufzuheben, war das offenbar mehr, als sie ertragen konnte – vor Wut
quietschend sprang sie auf mich los und biß
mich in den Finger. Und Charles wurde von
einer gebissen, die etwas mitgenommen aussah
und die wir deshalb in einer Schachtel mit Laub
und Gras ins Badezimmer gesperrt hatten, um
zu sehen, ob sie sich erholen würde. Sie erholte
sich. Als Charles ein wenig später nachschauen
ging, versuchte sie gerade, wütend aus der
Schachtel zu klettern, und als er ihr dabei helfen
wollte, wurde er auch gebissen. Er brüllte so
laut, daß Sheba, die gerade unter der Tür ins Bad
guckte, vor Schrecken aus dem Haus und auf
den Pflaumenbaum flüchtete, Salomon sich unter dem Bett versteckte und ich die Teigschüssel
fallen ließ. Natürlich ist so ein Spitzmausbiß

152

nicht sehr groß. Kaum größer als ein Nadelstich. Es kam nur so überraschend, sagte Charles, als er mit einem großen Heftpflaster um den Finger und der Spitzmaus auftauchte, die im Vorgefühl ihrer Befreiung wie verrückt in einem Socken auf und ab sprang.

Noch weniger waren wir auf die Spitzmaus vorbereitet, die wahrhaftig ganze vier Tage bei uns wohnte. Das war viel später, als Sheba die Gewohnheit angenommen hatte, sich mit ihrer Beute hinauf ins Schlafzimmer und auf unser Bett zu schleichen, weil sie festgestellt hatte, daß wir ihr alles Lebendige wegnahmen, das sie heimbrachte. Dort oben hatte sie eine hübsche, saubere Steppdecke als Unterlage für ihre natur- wissenschaftlichen Studien und brauchte außer- dem, wenn sie uns kommen hörte, nur ihr Op- fer aufzunehmen und mit ihm unters Bett zu flüchten – dort konnten wir sie nicht erreichen. Die Spitzmaus jedoch, von der hier die Rede ist, trug sie hinauf aufs Bett, während noch jemand drin lag. Tante Luisa. (Wir hatten zwar jetzt nur noch zwei Katzen, zogen es aber trotzdem vor, den Gästen unser Schlafzimmer zu überlassen. Das ersparte uns eine Menge Ärger mit Salo- mon.) Tante Luisa stieß beim Anblick der Spitz- maus einen solchen Schrei aus, daß Sheba sie vor Überraschung fallen ließ und die Maus ent- wischte.

In den nächsten vier Tagen zeigte sich diese Spitzmaus so oft, daß sogar Sheba anfing, gequält auszusehen, wenn sie sie erblickte. Oben im Haus kreuzte sie wie ein kleines graues Unterseeboot über den Treppenabsatz oder durch die Schlafzimmer. Unten im Haus kam sie munter unter der Kommode hervorspaziert oder aus dem Schrank oder quer über den Teppich. Nie erwischten wir sie, obwohl sie es nie eilig hatte. Charles weigerte sich, Shebas Spitzmäuse jemals wieder ohne Handschuhe anzufassen, und bis er sich welche geholt hatte, war sie immer schon verschwunden. Ich weigerte mich überhaupt, sie anzufassen, und den Katzen war die ganze Sache so peinlich, daß sie offenbar beschlossen hatten, sie einfach zu ignorieren. Charles gewöhnte sich an, frühmorgens verstohlen seine Schuhe auszuschütteln, ehe er sie anzog. Wir hatten das Gefühl, wir müßten eine Flagge hissen, als am Abend des vierten Tages die Spitzmaus gemächlich die Treppe vor dem Haus hinab- und für immer aus unserem Leben spazierte.

## Tod eines Pelzmantels

Damals, als Sheba an dem Bild über dem Schreibtisch eine Mücke jagte und schwarze Pfotenabdrücke an der Wand hinterließ, sagte Charles, es sei nicht fair, den Katzen an allem die Schuld zu geben. Sheba sei doch nicht schuld daran gewesen, daß sie gerade den Kamin inspiziert und infolgedessen rußige Pfoten hatte, als die Mücke vorbeiflog. Ich müsse doch bedenken, daß Siamkatzen etwas Besonderes sind, und immer auch ihre Vitalität und ihre Neugier berücksichtigen.

Das sagte er aber nicht, als wir den neuen Teppichläufer auf der Treppe auflegten und Salomon, der es eilig hatte, Sheba seine Stärke zu zeigen, auf der untersten Stufe schon sein Vernichtungswerk begann, während wir auf der obersten noch die letzten Nägel einschlugen. Er sagte, Salomon sei ein verflixtes kleines Luder, und wenn er sich nicht vorsehe, werde er noch mal im Katzenasyl enden. Und die Sache wurde auch nicht besser, als ich für jede Stufe einen Schutzbelag aus zusammengelegten Zeitungen machte, um den restlichen Teppich zu schützen, bis es Salomon sattbekommen würde, seine Krallen daran zu wetzen. Jedesmal wenn wir fortgingen, sollten die Stufen mit diesen Zeitungspolstern belegt werden. Ein paar Tage lang ging es gut – dann rutschte Charles eines Morgens, als er im letzten Moment noch einmal hinaufflitzte, um seine Brieftasche zu holen, auf dem obersten Exemplar der Times aus und fiel kopfüber die ganze Treppe hinunter. Damals bekamen wir was zu hören, Salomon und ich! Nun fällt Charles mit seinen fast zwei Metern häufiger die steile, enge Treppe unseres Häuschens hinunter, und ich bin immer daran schuld, auch wenn ich mich zur Zeit des Unglücks auf dem Gipfel des Mount Everest befände. Ich nahm die Sache deshalb nicht allzu tragisch – aber Salomon konnte sich absolut nicht beruhigen.

Während Sheba Charles in der Diele tröstete, indem sie ihm auf dem Magen herumstieg und besorgt prüfte, ob er noch lebe, saß Salomon auf der obersten Stufe und hielt einen langen Monolog auf siamesisch über die Ungerechtigkeit der Welt. Sheba zerkratzt auch Sachen, sagte er, und niemand regt sich darüber auf. Das stimmte. Der Lehnstuhl im Gästezimmer hing unten wie ein Mehlsack durch, weil Sheba gleich nach dem Aufwachen dort ihre Morgengymnastik trieb — aber Charles sagte nur, wir müßten das eben ihrem Temperament zugute halten.

Sie schmeißt Sachen runter und trifft sogar Leute, heulte Salomon. An seiner Lautstärke konnte man erkennen, wovon er jetzt sprach. Er hatte immer eine kräftige Stimme, aber wenn er im Recht war und das wußte, steigerte sie sich zu einem markerschütternden Geschrei. Salomon schmiß keine Sachen runter und traf auch niemanden. Er konnte nicht hoch genug klettern, um das zu bewerkstelligen. Aber Sheba, die wie eine Gemse die Bücherregale an beiden Seiten des Kamins erklomm, bombardierte dauernd unsere arglosen Gäste mit wahllos herausgegriffenen Lexika oder Gesetzbüchern. Neuerdings machte ich mir Gedanken darüber, ob das wirklich immer zufällig passierte, wie sie vorgab. An jenem Abend, als ich sie im letzten Augenblick daran hindern konnte, Salomon einen indischen Messingkrug aufzusetzen, handelte es sich bestimmt nicht um einen Zufall. Als ich sie erwischte, stand sie gerade auf einer Sessellehne und mühte sich aus Leibeskräften, diesen Krug mit der Pfote vom Kaminsims herunterzuangeln, während Salomon unten unschuldsvoll langausgestreckt auf dem Kaminteppich schlief.

Jetzt reckte er also den Hals über den Treppenabsatz, um sich zu vergewissern, daß ihn auch jedermann höre, und setzte seinen Trauergesang fort. Charles sei ungeschickt, jammerte er und glotzte vorwurfsvoll hinunter, wo Sheba mit Erleichterung festgestellt hatte, daß Charles noch am Leben war, und nun die Situation weidlich ausnützte. Sie trat ihm energisch auf der Weste herum und versicherte ihm, sie wenigstens sei doch ein gutes Kind. Charles wäre die Treppe auch ohne das Zeitungspapier hinuntergefallen, kreischte Salomon. Charles stolpert über alles. Charles ist erst letzten Sonntag von der Leiter gestürzt. Dafür könne ihn niemand verantwortlich machen, maunzte Salomon und deutete durch jammervolles Heulen und Schniefen an, daß sein Kummer auf dem Höhepunkt angelangt sei. Charles habe das ganz ohne fremdes Zutun fertiggebracht.

Das stimmte! Charles hatte die Dachrinnen gestrichen und dabei neben dem abfallenden Dielendach gesessen, und zwar auf einer Leiter, die einen angeknaxten Holm hatte und (obwohl Vater Adams warnte, er habe mehr als einen Burschen gekannt, der auf diese Weise ums Leben gekommen sei) nur durch Gottvertrauen und ein Stück altes Seil vom Schornstein her gehalten wurde. Charles spann gern bei der Arbeit an aufregenden kleinen Dramen. Während er nun den Arm ausstreckte, um den letzten Pinselstrich zu tun, war er in seiner Phantasie soweit, daß sein Held «in diesem Augenblick gerade nach dem letzten Halt griff, als es einen scharfen Knall gab, das Seil riß und er wie ein Stein in den Abgrund fiel, der sich unter ihm auftat». In diesem Augenblick riß Charles' Seil tatsächlich. Nicht mit einem scharfen Knall. Charles erzählte später, daß es sich mit sadistischer Langsamkeit direkt vor seinen Augen aufdröselte, während er hilflos auf der obersten Sprosse stand. Er fiel auch in keinen Abgrund. Er landete auf dem Dielendach mit einem Plumps, der das alte Haus bis in seine Grundfesten erzittern ließ. Als ich hinausstürzte in der Überzeugung, ich sei nun schließlich doch Witwe geworden, saß er verzagt auf dem Dach in einer hellblauen Farbpfütze, während Salomon und Sheba dicht nebeneinander auf dem Dach des Kohlenschuppens sich die Hälse ausrenkten und besorgt wissen wollten, wozu das gut sein sollte.

Charles sagte, ich könne es glauben oder nicht, aber als er nach dem Krach das Dach hinabgerutscht sei, habe er gesehen — wirklich gesehen —, wie diese beiden den Gartenweg heruntergaloppiert und hastig auf den Kohlenschuppen geklettert seien, als wäre das eine Tribüne. Ich glaubte ihm das ohne weiteres. Obwohl sie selbst oft genug in der Klemme waren, taten sie doch nichts lieber als selbstgefällig danebensitzen – die Schwänze säuberlich um die Vorderpfoten gelegt und den Ausdruck schmerzlicher Ungläubigkeit in ihren Zügen –, wenn irgend jemand anderes in der Patsche saß.

Ich erinnere mich noch gut, wie eines Tages ein Hund das Nachbarkätzchen vor unserer Gartenmauer einen Leitungsmast hinaufjagte. Salomon hatte allen Grund, still zu sein, nachdem ihm erst vor kurzem die Geschichte mit der Feuerwehr passiert war, und Sheba verlangte neuerdings genau wie ehedem ihre Mutter von Charles, daß er sie von jedem Baum rette. Während aber Charles und ich uns damit abmühten herauszukriegen, wie man eine Leiter so an den runden Mast stellen könne, daß sie nicht rutscht, saßen sie einträchtig am Fuße der Leiter und reckten ihre Hälse wie Giraffen, um deutlich zu machen, wie «hoch oben» diese Person doch wäre. Ihre Augen waren rund wie Flaschenkorken, und sie schrien äußerst taktvoll zu ihr hinauf, sie sei doch ein dummes Ding, sowas zu machen, und sie glaubten nicht, daß wir sie jemals wieder heil herunterbrächten. Daß Charles unmittelbar nach der Rettung des Kätzchens noch einmal hinauf mußte, um Salomon zu holen, der inzwischen selbst versuchsweise die Leiter hinaufgestiegen war und nun, auf halbem Wege steckengeblieben, sich die Seele aus dem Leib schrie, war natürlich reiner Zufall.

Es war unvermeidlich, daß ihre Neugier und Eckenguckerei sie eines schönen Tages in Schwierigkeiten brachte. Das passierte denn auch, als neue Bewohner im Nachbarhaus eingezogen waren und Salomon und Sheba, wie gewöhnlich von Neugier verzehrt, jeden Tag hinübergingen, um zu sehen, wie die dort zurechtkamen. Wir warnten die Leute, sie sollten das nicht unterstützen. Es würde ganz bestimmt nichts Gutes dabei herauskommen, Salomon würde den Treppenläufer kaputtmachen oder die Speisekammer plündern, und Sheba würde entweder im Kamin hochklettern oder ins Klosett fallen. Sie wollten nicht auf uns hören. Sie waren ja auch noch nie einer Siamkatze begegnet und fanden es, wie sie sagten, bezaubernd, wenn unsere beiden hintereinander den Gartenweg herunterspaziert kamen, sie mit einem fröhlichen «Miau» begrüßten und dann das Haus inspizierten, als gehöre es ihnen. So waren dann unserer Ansicht nach die Westons selber schuld. Als sie nämlich in einer Trockenperiode ihre Wassertonne füllen wollten, indem sie gegen die Vorschriften einen Schlauch durch Rittersporn und Lupinen zum Wasserhahn in der Kü-

che führten, verrieten das Salomon und Sheba
prompt dem ganzen Dorf; sie saßen auf dem
Schuppendach, starrten mit großen Augen auf
die Blasen in der Tonne hinunter und luden mit
lauter Stimme alle Vorübergehenden ein, her-
beizukommen und sich anzuschauen, was sie da
gefunden hätten. Vater Adams, der zu denen
gehörte, die der Einladung Folge leisteten – sein
Großvater hatte vor vielen Jahren in Westons
Haus gewohnt, und das gab ihm nach dörfli-
chem Brauch mehr Recht, den Weg zum Haus
hinaufzugehen als den Westons selbst, die eben
erst aus der Stadt zugezogen waren – Vater
Adams sagte, der gute Weston habe «sich ver-
färbt wie 'n Chamäleon», als er sich ertappt sah.
Er war noch nicht lange genug im Dorf, um zu
wissen, daß so gut wie jeder im Dorf – Vater
Adams mal ganz bestimmt – seine Wassertonne
genau auf die gleiche Weise füllte, und wagte
tagelang kaum, jemandem ins Gesicht zu sehen.
Was wieder einmal bewies, daß nur ein Tor sich
mit Siamkatzen abgeben kann. So formulierte
es jedenfalls Tante Edith, als Salomon ihre
Schönheitscreme aufgefressen hatte.

Wir konnten ja selbst nicht mit ihnen fertig
werden. Jedesmal wenn wir dachten, wir hätten
sie nun endlich im Griff, hielten sie eine neue
Überraschung für uns bereit. Mäusefangen zum
Beispiel. Kaum hatten wir uns daran gewöhnt,

daß Sheba die Mäuse fing und Salomon sie uns stundenlang um die Köpfe schlenkerte, da beschloß Sheba, aus Besorgnis, Salomon könne zu sehr ins Rampenlicht rücken, sie wolle uns in Zukunft lieber von jedem geglückten Fang benachrichtigen – so gäbe es keine Zweifel über den Eigentümer. Als Salomon sie nach der Einführung der neuen Methode zum erstenmal kommen hörte – sie heulte wie eine Luftschutzsirene –, sagte er, das sei ein Gespenst, und verkroch sich unter der Badewanne, von wo wir ihn nur unter größten Anstrengungen wieder hervorlocken konnten. Es dauerte aber nicht lange, da fiel ihm ein noch feinerer Trick ein. Er fraß die Maus. Nicht etwa still in einer Ecke, sondern sehr geräuschvoll auf dem Kaminteppich. Kopf und Schwanz ließ er als Andenken für uns liegen. Unmittelbare Folge davon war, daß Sheba auch eine Maus fraß. Da sie aber einen weniger robusten Magen hatte, mußte sie spornstreichs das Zimmer verlassen und sich auf der Treppe übergeben. Und so ging, wie Charles sagte, das Leben weiter.

Es gab eine Zeit, kurz nach Sulkas Tod, als die Jungen allmählich selbständig wurden, da waren sie uns, besonders wenn wir Gäste hatten, überall im Weg. Sie saßen wie angeschmiedet den Leuten auf dem Schoß, schleckten an ihren Kuchen, wenn sie gerade mal wegguckten, schnupperten in den Handtaschen herum und schwatzten unter der Badezimmertür hindurch auf sie ein. Sie mochten Besuch so gern, daß sie eines Abends, als wir sie in die Diele gesperrt hatten, weil ein Freund von Charles Katzen nicht gerade liebte, sogar am Vorhang hinaufkletterten, durch ein Oberlicht stiegen, an das wir nicht gedacht hatten, und plötzlich von draußen ihre kleinen gefleckten Gesichter gegen das Wohnzimmerfenster drückten, um sehnsüchtig hereinzustarren.

Das war ein voller Erfolg. Jedermann verhätschelte sie und fütterte sie mit Eiscreme, und Charles' Freund ging mit einem Anzug nach Hause, der aussah, als wäre er aus Angorawolle. Als sie das nächste Mal wegen eines Besuchs ausgesperrt wurden, sprang Salomon in Erinnerung an die Eiscreme prompt wieder aus dem Fenster. Da aber alle Dielenfenster zu waren, lief er die Treppe hinauf und sprang aus dem Schlafzimmerfenster. Eine von den Damen fiel beinahe in Ohnmacht, als sie ihn vorbeisausen sah, aber er landete auf einer Hortensie und tat sich nicht weh. Zu unserem Pech hatte Salomon jetzt entdeckt, daß er ein Fenster öffnen konnte, wenn er seinen dicken kleinen Kopf unter den Riegel zwängte und es dann aufstieß. So mußten wir nun jedesmal, wenn wir sie allein ließen, nicht nur zwölf Nummern der Times auf die

164

Stufen legen, sondern auch noch alle Fensterriegel mit Bindfaden sichern.

Während die Katzen unsere Gäste bei der Ankunft mit ihren Aufmerksamkeiten fast verrückt machten, änderte sich die Lage von Grund auf, wenn jemand bis nach Mitternacht blieb. Dann zogen sie sich auf den bequemsten Sessel zurück (saß gerade jemand drin, so zwängten sie sich hinter seinen Rücken hinein und drehten sich so oft um sich selbst, bis er das Feld räumte – ein unfehlbares Mittel), rollten sich ein und versuchten ostentativ einzuschlafen. Versuchten – das war der springende Punkt. Immer wenn jemand zum Sessel hinüberschaute, blickte ihn mindestens eine Siamkatze mit halberhobenem Kopf an, wobei sie nur ein Auge aufmachte und einen gequälten Gesichtsausdruck zur Schau trug, der deutlich genug besagte, es sei nun Zeit zum Heimgehen, manche Leute hier seien müde. Wenn das noch nichts half, richtete sich Salomon programmgemäß auf, gähnte geräuschvoll und sackte mit einem lauten Seufzer wieder über Sheba zusammen. Es gab nur wenige Gäste, die diesen Wink nicht verstanden. Salomon gähnte, wie dicke Männer aufstoßen – lange, laut und mit Behagen. Was jedoch am peinlichsten war: nachdem sie stundenlang herumgelegen hatten, als hätten sie den ganzen Tag geschuftet, wurden sie plötzlich munter, sowie sie merkten, daß die Gäste am Aufbrechen waren. Das wäre noch nicht einmal so schlimm gewesen, wenn sie die Gäste nur höflich bis an die Tür begleitet hätten, wie Sulka das immer getan hatte. Aber diese beiden setzten sich in die Diele und plärrten die Leute an, sie sollten sich beeilen. Und wenn wir dann unseren Besuch zur Gartentür führten, konnte man durchs Fenster deutlich sehen, wie sie drinnen einander ausgelassen über die Stühle jagten, um das Ergebnis ihrer Bemühungen zu feiern.

Wenn ich ehrlich sein will, muß ich gestehen, daß unsere Gäste inzwischen nicht mehr ganz so begeistert von den Katzen waren. Da war zum Beispiel die Freundin, die, um mit den Katzen spielen zu können, ein Paar alte Strümpfe mitgebracht und ihre guten in der Zwischenzeit sicherheitshalber in unserem Schlafzimmer deponiert hatte. In der Erwartung, daß die alten Strümpfe damit erledigt wären, hatte sie sich auch nicht getäuscht. Salomon zwickte sie freundschaftlich in den Knöchel, als wir beim Tee saßen, und ratsch, waren sie dahin. Dummerweise hatten wir die Schlafzimmertür nicht richtig zugemacht, und als Sheba ganz aus eigenem Antrieb der Dame die neuen Strümpfe herunterbrachte, blieben sie an einem Span auf der Treppe hängen, und ratsch, waren auch sie dahin.

Dann die Freundin, die ihre Wagenschlüssel auf den Tisch in der Diele legte, ohne sich etwas dabei zu denken. Damals spielte Salomon gerade Schäferhund und schleppte alles im Maul herum. Wir brauchten zwei Stunden, ehe wir herausbekamen, wo er sie hingelegt hatte. Ins Miniaturgolfloch auf dem Rasen.

Da war der Kaktus, der geheimnisvoll aus seinem Topf verschwand, während seine Besitzerin, die ihn gerade von einer Freundin bekommen hatte, bei uns eine Tasse Tee trank. Charles sagte, wenn das kein Beweis dafür wäre, daß Salomon im Kopf nicht ganz richtig sei ... aber in Wirklichkeit war es gar nicht Salomon. Es war Sheba, wie wir später entdeckten, als wir selbst Kakteen züchteten und sie jeden Abend sicherheitshalber im Badezimmer einschließen mußten, während sie auf der Schwelle heulte, wir sollten ihr doch wenigstens einen kleinen zum Spielen geben.

Dagegen war es wieder Salomon, der allein und ohne fremde Hilfe den Pelzmantel zur Strecke brachte. Wir lachten über den ehrfurchtsvollen Blick, mit dem er ihn bei der ersten Begegnung betrachtete, über seinen Buckel und die Kampfstellung, die er sofort einnahm. Wir dachten uns nichts dabei, als die Besitzerin ihn achtlos über den Stuhl in der Diele legte, nachdem sie Salomon über den Kopf gestreichelt und gesagt hatte: «'s ist nur ein Mantel, mein Kleiner.» Aber Salomon führte was im Schilde. Sobald er seinen Anteil Krabbenbrötchen vertilgt hatte, ging er hinaus und bearbeitete den Pelzmantel, daß es mir heute noch kalt den Rücken hinunterläuft, wenn ich daran denke, was uns die Reparatur kostete.

Von da an wachten wir streng über Pelzmäntel. Jedesmal, wenn einer ankam, hielt Charles Salomon in der Küche zurück, während ich ihn eigenhändig im Kleiderschrank verschloß und dann auch noch die Schlafzimmertür absperrte. Trotzdem war mir nicht wohl zumute, als eines Abends eine Freundin in einem schönen Leopardenmantel kam und Salomon sich gleich nach dem Abendessen stillschweigend in die Diele verzog. Sobald ich konnte, schlüpfte ich hinaus, um nachzusehen. Es schien alles in Ordnung zu sein. Die Schlafzimmertür war noch fest verschlossen, und Salomon saß unschuldig auf dem Dielentisch und starrte in die Nacht hinaus.

Erst als unsere Freundin sich zum Gehen fertigmachte und sich suchend in der Diele umschaute und sagte, es sei merkwürdig, aber sie hätte geschworen, daß sie ihn auf die Kommode gelegt habe – erst da wurde mir klar, daß ich ihren Hut nicht auch mit ins Schlafzimmer genommen hatte. Aber nun war es zu spät. Er hatte

auf der einen Seite ein fesches schwarzes Hah-
nenfedergesteck – oder vielmehr, er hatte es gehabt. Als wir den Hut unter dem gleichen Stuhl
hervorholten, der seinerzeit Tante Ediths be-
rüchtigtes Telegramm verborgen hatte, fielen
alle Federn von ihm ab.

## Der Pferdenarr

Mit sechs Monaten war Salomon trotz seiner
wenig versprechenden Anfänge zu einer der
schönsten Siamkatzen herangewachsen, die wir
je gesehen hatten. Zugegeben, er hatte immer
noch den scheckigen Bart und die großen Füße
und einen Gang wie Charlie Chaplin, aber er
hatte seinen Babyspeck verloren und war glatt
und geschmeidig wie ein Panther. Sein schwarzes dreieckiges Gesicht glänzte wie poliertes
Ebenholz, bis auf ein einziges weißes Haar genau in der Mitte – das komme vom Ärger über
Sheba, meinte er. Seine Augen, die schräg über
den hohen orientalischen Backenknochen saßen,
hatten ein leuchtendes Saphirblau und waren sogar für eine Siamkatze bemerkenswert. Wenn er
auf der Gartenmauer lag und seine langen
schwarzen Beine elegant über die Kante herun-
terhängen ließ, sah er – nach Vater Adams – aus
«wie ein Scheich in so einem Schloß im Orient».

Vater Adams träumte damals noch davon, mit Katzenzucht ein Vermögen zu erwerben, und Salomon war so prächtig, daß er es gern gesehen hätte, wenn Salomon Mimi am glatten Genick gepackt und in die Berge entführt hätte und sie Stammutter einer Rasse von Siamkatzen geworden wäre, die, wie er uns immer wieder versicherte, sehr viel Geld das Stück einbrächten.

Als wir Salomon kastrieren ließen, war er so empört, daß er eine Woche lang nicht mit uns sprach. Alles schön und gut – auch wir wollten ja Salomon nicht sein Leben verderben, aber wir mußten es mit ihm teilen, und schließlich wollten wir nicht wegen eines unkastrierten Siamkaters auf unsere besten Freunde verzichten.

Die einzige Möglichkeit wäre gewesen, ihn als Zuchtkater außer Haus unterzubringen – oder ihn streunen zu lassen, aber dann entwickeln sich Siamkater gewöhnlich zu schrecklichen Haudegen und kommen so gut wie nie mehr nach Hause.

Als wir Salomon um seine Meinung fragten, meinte er, Käfer seien ihm lieber als Mädchen. Und Cremetorte, fügte er hinzu und warf einen vielsagenden Blick zum Teewagen hinüber. Und schlafen in unserem Bett, ließ er in der folgenden Nacht wissen, als er sich zielbe-

172

wußt durch die Decken grub, um meinen Kopf zu finden.

Damit war die Sache entschieden. Salomon ein Zuchtkater – das konnten wir uns einfach nicht vorstellen. Da hätte er ebensogut einen Löwen im Zoo spielen können. Am folgenden Wochenende wurde er kastriert und Sheba sterilisiert. Bei beiden ging alles glatt, nur mit Shebas Naht hatten wir Probleme. Zwei Stiche hatte sie bekommen, und der Tierarzt, der die Operation ausführte – diesmal schien es uns richtiger, einen aus der Stadt heranzuziehen, obwohl wir dem Arzt, der Sulka operiert hatte, natürlich keinerlei Schuld gaben – versicherte uns, wir könnten die Fäden am zehnten Tag ganz leicht selbst herausnehmen: «Grad nur hier und hier abschnippeln, kräftig ziehen, und schon ist die Sache erledigt.»

Nun, für normale Katzen mochte das zutreffen, nicht aber für Sheba. Sie sei nicht gesonnen, Dilettanten mit zwei linken Händen an sich herumpfuschen zu lassen, zeigte sie uns. Jedesmal, wenn wir ihr mit der Schere nahekamen, flüchtete sie ins oberste Fach des Bücherschranks und verbarrikadierte sich dort. Nicht einmal Charles vermochte sie herunterzulokken. Sie möge ihn ja sehr, beteuerte sie aus ihrem Versteck hinter dem Konversationslexikon – aber ihre Fäden seien anderer Ansicht, er möge das bitte entschuldigen. Er könne Salomon behandeln, Mimi oder auch mich. Aber sie brauche einen richtigen Doktor. Das erreichte sie auch, und zwar nach der Nacht, in der die Fäden zu jucken anfingen und Sheba und Salomon uns fast verrückt gemacht hatten, indem sie abwechselnd geräuschvoll daran herumbissen. Den örtlichen Tierarzt konnten wir jetzt nicht gut beiziehen, so riefen wir am folgenden Morgen Dr. Tucker an, der gleich kam und die Sache in Ordnung brachte. Als er dann mit derselben Schere schnitt und zog, die auch wir hatten gebrauchen wollen, stand sie mit glücklich verdrehten Augen ruhig auf dem Tisch und schnurrte.

Nun hatten wir die Scherereien endlich hinter uns, glaubten wir. Die Katzen wuchsen heran. Natürlich hatten sie ihre kleinen Eigenheiten. Sheba zum Beispiel plünderte nachts immer das Gemüsenetz und brachte damit unsere neue Perle fast zur Verzweiflung; bei anderen Leuten habe es nicht zu ihren Pflichten gehört, jeden Morgen Rosenkohl und zerquetschte Tomaten unter dem Ofen hervorzuholen. Freilich kam es darauf auch nicht mehr an, denn sie kündigte ohnehin sehr schnell, weil Salomon die Gewohnheit hatte, über die Fußböden zu spazieren, die sie gerade gewischt hatte.

Da war ferner Salomons starkes Interesse an mechanischen Dingen, das ihn wie ein Spürhund mit der Nase dicht am Teppich dem Staubsauger auf der Fährte bleiben und aufpassen ließ, was der alles verschluckte. Eigentlich war es ein Glück, daß die Perle nicht zugegen war, als er sich zu einem eigenen Versuch entschloß und, während ich gerade einen Stuhl verrückte, seinen Silberpapierknäuel neugierig in den Sauger steckte. Als ich mich umdrehte, sah ich gerade noch eine lange schwarze Pfote in der Öffnung verschwinden und konnte mich noch blitzschnell auf den Schalter stürzen.

Frau Terry hätte das nicht getan. Sie hätte gekreischt, hätte sich die Schürze übers Gesicht gezogen und wäre in Ohnmacht gefallen wie

damals, als sie im Wohnzimmer zum Sauber-
machen das Schutzgitter vom elektrischen Ofen
entfernte und Salomon, wie einst seine Mama,
prompt hineinlief und sein Hinterteil gegen
den Ofen hielt. Der Unfall hatte weiter keine
Folgen, als daß Salomons Schwanz, an zwei
Stellen angebrannt, eine Zeitlang mehr einem
Pudelschwanz als dem eines Siamkaters glich
und daß Sheba ihn ärgerte, indem sie jedesmal,
wenn sie hinguckte, so tat, als gehe es ihr durch
Mark und Bein. Was aber beim Staubsauger passiert wäre, wagte ich mir nicht auszumalen.

Unser Kummer allerdings war riesengroß, als
ich eines Morgens die Katzen rief und anstelle
der üblichen Topfguckerhorde Sheba allein erschien. Sie wirkte ganz klein und verlassen und
quengelte besorgt, Salomon sei verschwunden,
sie habe ihn schon überall gesucht und könne
sich nicht vorstellen, wo er sei.

Wir wußten damals noch nicht, daß Salomon
– zivilisationsmüde – auf Forschungsreisen ausgezogen und, wie das bei solchen Unternehmungen manchmal vorkommt, in Gefahr geraten war. Ich fand ihn eine Stunde später,
nachdem ich die ganze Gegend abgesucht hatte
und völlig erledigt war, zwei Kilometer entfernt auf einer Wiese zwei mächtigen, wüten-
den Gänsen gegenüber. Als ich angekeucht kam,
kauerte er in einer Ecke und schimpfte lauthals

zu ihnen hinüber, was er machen würde, wenn sie auch nur einen Schritt näher kämen; aber er täuschte weder sie noch mich. Er war starr vor Angst. Seine Ohren standen aufrecht, die Augen sprangen ihm beinahe aus dem Kopf. Als ich ihn rief, antwortete er mit einem langen verzweifelten Jammerschrei, der deutlich ausdrückte, er sitze elend in der Klemme, und wenn ich nicht ganz rasch käme, würden ihn die Kannibalen fressen.

Ich erlöste ihn, indem ich bis an die Knie durch Brennesseln watete, mich über einen Stacheldrahtzaun beugte und ihn am Schlafittchen herausangelte. Ein Blick in die Gesichter dieser Gänse hatte mir gezeigt, daß keine Zeit mehr blieb, noch durchs Tor zu gehen. Aber natürlich wurde er dadurch nicht klüger. Kaum war er auf meiner Schulter in Sicherheit und die Gänse außer Hörweite, da fing er auch schon in gewohnter Weise an zu prahlen.

Bis wir zu Haus waren, hatte sich Salomon — wenigstens in seinen eigenen Augen — zu einem kleinen Marco Polo ausgewachsen. Und von nun an hatten wir kaum einen Augenblick Frieden. Immer und immer wieder wurde ich durch einen Jammerlaut aufgescheucht, der jedesmal mein Blut erstarren ließ, und mußte ich ihn aus einer Notlage erretten. Einmal jagte er hinter einer Kuh her, von der er sich einbildete, sie laufe vor ihm davon statt vor den Fliegen, die sie peinigten. Das war zunächst ein großartiger Spaß, so übers Feld zu sausen mit den langen schwarzen Beinen wie ein Rennpferd – aber dann machte die Kuh plötzlich kehrt, erblickte diesen komischen Buffalo Bill, der da hinter ihr hertanzte, und jagte ihn nun ihrerseits. Ich mußte ihn von einer rettenden Mauer herunterholen, die Kuhhörner waren nur mehr ein paar Zentimeter von seiner zitternden schwarzen Nase entfernt.

Weniger glimpflich kam er davon, als er einmal ein Lämmchen erschreckte. Als einziger Fluchtweg blieb ihm damals eine Hecke oben auf einer steilen Böschung überm Wald, und als er dort durchbrach, war ihm das Muttertier so dicht auf den Fersen, daß er nicht mehr stehenbleiben und einen bequemen Durchschlupf suchen konnte. Als ich mich seinem Hilfeschrei folgend erschöpft durch den Wald hocharbeitete, tauchte er plötzlich äußerst wirkungsvoll am Horizont auf, sprang ins Nichts und landete schändlich in einem Schlammtümpel.

Auch hieraus lernte er nichts. Gleich am nächsten Tag sah ich, wie er – auf seine unnachahmliche Weise, nämlich hinter jedem Grashalm am Weg sich kunstvoll versteckend und einsehbare Wegstrecken auf dem Bauch zurücklegend – einem kleinen Kätzchen in eben diesen Wäldern nachschlich. Diesmal ließ ich ihn gehen. Sein dunkles Gesicht strahlte vor Eifer, seine Augen leuchteten so wundervoll – und schließlich konnte er doch mit so einem kleinen Kätzchen nicht in Schwierigkeiten geraten, dachte ich.

Ich irrte mich. Wenige Minuten später gab es ein wildes Getöse, ein Splittern von Zweigen, dann Schweigen – und schließlich kam wieder der vertraute Laut von Salomons Hilfeschrei. Wie es schien, war er, als er so heimlich durch den Wald schlich, auf seinen Feind vom Bauernhof gestoßen. Nach dem Tempo zu schließen, in dem der Kater die Straße entlangpreschte, als ich in den Wald eilte, war er über das Zusammentreffen ebenso erschrocken wie Salomon – und tatsächlich hatte das Bauchweh unseres Eroberers einen anderen Grund: Nicht nur er war auf einen Baum geflüchtet, sondern auch das Kätzchen. Auf denselben Baum. Salomon war der erste gewesen, er hing oben und stand Todesängste aus, zwei Meter über der Erde, während das Kätzchen, das nicht an ihm vorbeikonnte, sich unmittelbar unter seinem Schwanz befand. Und nun heulte Salomon, der Glorreiche, der prächtige, furchteinflößende Siamkater, weil ein winziges Kätzchen ihn nicht runterlassen wollte.

Nach diesem Erlebnis blieb Salomon dem

Wald eine Weile fern. Er gewöhnte sich an, statt
dessen auf der Gartenmauer zu sitzen, und
wenn wir ihn fragten, warum er nicht auf Ent-
deckungsreise sei, gab er vor, er warte auf einen
Freund. Auf diese Weise trug es sich unglücklicherweise zu, daß er Gefallen an Pferden fand.
Unglücklicherweise, denn wenn Salomon etwas gefiel, wollte er die Sache unweigerlich aus
der Nähe betrachten. Es dauerte nicht lange, da
rief uns die Eigentümerin der örtlichen Reit-
schule an und fragte, ob wir ihn nicht bitte im
Haus behalten könnten, wenn ihre Schüler vor-
beiritten. Er mache die Pferde scheu, sagte sie.
Die kleine Patrizia sei schon zweimal bei uns in
die Brennesseln gefallen, und ihre Mutter habe
das gar nicht gern.

Als wir ein bißchen ärgerlich sagten, Katzen
machten doch nicht Pferde scheu, erwiderte sie,
unsere schon. Der Kater lauere im Gras, bis das
erste Pferd vorüber sei, dann springe er plötzlich
auf die Straße und stolziere hinter ihm her. Es
sehe aus, als wolle er das Pferd nachahmen —
obwohl das natürlich eine lächerliche Vermu-
tung sei. Dem ersten Pferd mache das nichts,
weil es ja die Katze nicht sehe. Die hinteren
aber, sagte sie — und wir konnten uns das ganz
gut vorstellen —, würden davon ziemlich nervös.

Fortan paßten wir auf, daß Salomon seine

Pantomime hinter dem Dielenfenster darbot, wenn die Reitschüler vorbeikamen. Es war nicht zu überhören, wenn sich der Troß näherte; das Hufgetrappel und die Rufe der Lehrerin – Knie beachten, an die Ellbogen denken. Schwieriger war es mit Reitern, die einzeln dahertrabten. Manchmal gelang es uns, Salomon daran zu hindern, seinem neuesten Schwarm die Gasse hinab zu folgen. Aber meistens merkten wir erst, wenn Salomon wieder einmal durch Abwesenheit glänzte, daß ein Pferd vorbeigekommen war.

Das gab viel Ärger. Manchmal dauerte es zwei Stunden oder noch länger, ehe er auf seinen langen dünnen Beinen wieder angetrabt kam. Er schlüpfte dann mit verlegenem Gesicht durchs Gartentor und tat, als wäre er gar nicht fortgewesen. Wir versuchten mit allen nur denkbaren Mitteln, diesem neuesten Spleen Einhalt zu gebieten, ohne Salomon geradezu einsperren zu müssen; wir erstanden sogar ein paar Goldfische, weil ihn doch offenbar die Bewegung anzog, und stellten extra für ihn im Wohnzimmer ein Fischglas auf.

Sheba und Charles fanden die Fische großartig. Sie saßen stundenlang vor dem Glas und folgten ihnen mit den Augen, wie sie durchs Wasser schnellten oder träge dahinglitten. Salomon aber verlor jedes Interesse, sobald er entdeckt hatte, daß man weder von oben noch von der Seite ins Glas konnte und daß die Fische nicht wegliefen, wenn er sie anschaute. Er schlich heimlich aus dem Zimmer. Charles war so in den Anblick der Fische vertieft, daß er es nicht bemerkte. Er merkte auch nichts von dem einzelnen Reiter im roten Rock, der auf der Straße vorbeizog; und ich war in der Küche. Die erste Nachricht, die von dieser Eskapade zu uns drang, war der Anruf eines Farmers vom anderen Ende des Tals: vielleicht wüßte ich's ja schon, aber unsere Katze mit dem schwarzen Gesicht sei hinter einem Jäger her gerade bei ihm vorbeigekommen. Sie mache das ganz prima und greife aus wie ein richtiger kleiner Araberhengst; aber das Pferd schlage aus und an unserer Stelle ...

Ich hatte genug gehört, legte den Hörer auf und rannte los. Als ich Pferd und Katze einholte, lief Salomon immer noch, ohne daß der Reiter etwas davon gemerkt hatte, hartnäckig und ausdrucksvoll hinter den drohenden Pferdehufen her.

## Der geheimnisvolle Fasan

Es gab eine Zeit, da war unser Garten für einen
Naturforscher das reine Paradies. In unserem
Schornstein nisteten Dohlen. Während der Brü-
tezeit konnten wir nach Tagesanbruch kein
Auge mehr schließen, weil die Vogeleltern sich
unterhielten und ein bißchen später vier oder
fünf Junge nicht mehr aufhörten, nach ihrem
Frühstück zu schreien – was sich alles nur um
Ziegelbreite von unseren Ohren entfernt ab-
spielte.

Unglaublich dreiste Drosseln hackten mit
ihren Schnäbeln auf unserem Kiesweg, daß es
wie in einer Schmiede dröhnte. Amseln, die
sich, wenn wir im Freien saßen, zu uns gesellten
und Würmer aus der Erde zogen, verdarben
mehr Besuchern den Appetit, als wir zählen
konnten.

Einmal hatte sich sogar ein junger Kuckuck
auf unserer Türschwelle niedergelassen. Da

zeige sich, welches Vertrauen Mutter Natur in uns habe, meinte meine Großmutter. Jeden Morgen, wenn ich die Haustür aufmachte, hockte er neben der Milchflasche auf der Veranda. Warum er sich gerade dort hinsetzte, haben wir nie erfahren. Er machte nie den Versuch, an die Milch zu gehen, und sobald ich die Flasche wegholte, schlug er mit den Flügeln und flatterte hinters Haus, wo er dann den ganzen Tag auf einem Steinhaufen saß und uns stumpfsinnig durchs Küchenfenster beobachtete.

Er beobachtete uns sogar, während er von einem gramvoll blickenden Graukehlchen gefüttert wurde – das sich übrigens schon bald eine Art Podest suchen mußte, um dieses gähnende Maul stopfen zu können. Uns fiel ein Stein vom Herzen, als er groß war und nach Afrika flog. Für meine Großmutter war es allerdings eine bittere Enttäuschung, daß wir ihn ihr nicht zum Aufziehen mitgaben – er erinnere sie so an ihre frühere Eule, sagte sie, und Tante Luisa hätte ihn doch leicht füttern können. Sie meinte, wir verdienten das Vertrauen solcher unschuldigen kleinen Wesen gar nicht. Charles sagte: «Zum Teufel mit den unschuldigen kleinen Wesen», der verdammte Vogel habe wochenlang jede seiner Bewegungen so genau verfolgt, daß er sich fast wie ein Dieb vorgekommen sei.

Trotz allem war es eine interessante Zeit. Da

184

war der Kuckuck, da war das Rotkehlchen, das immer ins Zimmer flog und sich auf die Stuhllehne setzte, wenn wir aßen, da war der Specht, der mitten im Winter in einen nahen Telegrafenmast ein Loch pickte, was wir tagelang entzückt beobachteten, bis es jemand der Post meldete und ein Stück Blech über das Loch genagelt wurde. Wir fühlten uns schon wie zukünftige Alfred Brehms. Aber dann schafften wir uns die Katzen an.

Fortan machten die klugen Vögel einen weiten Bogen um unser Haus. Jedesmal, wenn sie unser Grundstück überfliegen mußten, während die Katzen in Sicht waren, stiegen sie am vorderen Gartentor steil aufwärts und überflogen es in großer Höhe. Die Dohlen hielten noch ein Weilchen aus, aber schließlich gaben auch sie es auf, nachdem Sheba eines Tages den Schornstein erklommen und sie durch die Schornsteinkappe vielsagend angeblickt hatte. Der einzige Vogel, der in Gegenwart der Katzen noch in unsere Nähe kam, war die Amsel, die immer mit Salomon spielte; aber auch sie machte sich rasch davon, wenn Sheba um die Ecke guckte. Die Amsel betrachtete es als Spiel, wenn sie, wie das Vögel manchmal tun, beim Überqueren des Rasens mit kleinen Spottrufen niedrig über Salomons Kopf hinwegflog und sich verführerisch auf die Gartenmauer setzte.

185

Nicht so unser Salomon. Er sauste hinter ihr her und versuchte sich in den tollsten Luftsprüngen, wobei er seine Pfoten nach allen Himmelsrichtungen ausstreckte.

Hierbei unterlief der Amsel ein großer Irrtum. Offensichtlich hatte sie Salomon auf der Mäusejagd im Garten beobachtet und zählte ihn zu den Dummköpfen, die nie etwas erwischen. Sie hatte ihn niemals im Hause gesehen, wenn er sich an Ping-Pong-Bällen und Fliegen übte. Salomon mit einem Tischtennisball zu beobachten, war eine Freude. Wollte Sheba etwas fangen, so versuchte sie das auf – wie Charles mit männlicher Arroganz feststellte – typisch weibliche Weise. Wenn wir einen Ball für sie in die Luft warfen, sprang sie, ohne zu zielen, auf ihn zu, wedelte mit den Pfoten und verfehlte ihn. Das war überraschend bei ihrer Geschicklichkeit im Mäusefangen – ebenso überraschend wie die Tatsache, daß Salomon zwar auf dem Erdboden um alles in der Welt nichts erwischen konnte, dafür aber wie ein Pfeil durch die Luft flog und alles, was wir hochwarfen, mit den Vorderpfoten im Flug erhaschte.

Das war sein einziges Talent – kein Wunder, daß er es gern zur Schau stellte. Wenn wir keine Bälle oder Silberpapierknäuel für ihn hochwerfen wollten, spazierte er im Haus herum und jagte Fliegen. Ein bißchen aufregend ist es schon, wenn eine Katze andauernd durch die Luft segelt und dann unweigerlich wie eine Bombe wieder herunterfällt. Immerhin wird man die Fliegen los. Aber – und das wußte unsere Amsel nicht – so eine Katze ist ziemlich gefährlich für kleine Vögel, die sich über sie lustig machen wollen. So ging denn auch Salomon nach einem besonders erfolgreichen Training mit einer Fleischfliege eines Tages hinaus ins Freie und ergatterte in einem eleganten Luftsprung zwei Federn aus Prahlhansens Schwanz.

Wir wußten, daß die Amsel entwischt war. Wir hatten sie mit eigenen Augen talabwärts segeln gesehen. Salomon wollte uns etwas anderes weismachen. Er verbrachte den Rest des Abends damit, in einer uns nur zu gut bekannten Weise durchs ganze Haus herumzustolzieren. «Dickwanst spielt mal wieder Panther», meinte Charles, als Salomon mit vorgestrecktem Kopf und zwei schwarzen Federn im Maul einherstolzierte und durch seine Miene jedermann zu verstehen gab, die restliche Amsel habe er bereits vertilgt.

Als in dieser Nacht die Eulen drüben im Wald zu schreien anfingen, erhob er sich und schlich ans Fenster. Er drückte die Nase gegen die Fensterscheibe, buckelte sein Hinterteil drohend in die Luft und gab den Eulen zu verstehen, was er mit *ihnen* machen würde, wenn sie nicht den Mund hielten: auffressen und ihre Schwänze zum Amselschwanz tun.

In den nächsten Tagen dachte ich oft an Tante Ediths Prophezeiung, Salomon würde sich zu einem Trottel auswachsen. Ich schaute ihm zu, wie er nach dem Ergattern von zwei kleinen Amselfedern auf dem Rasen herumsprang und sich mit allen Schatten balgte, die über ihn wegzogen, und fragte mich, wer von uns beiden wohl eher im Irrenhaus landen würde, Salomon oder ich.

Verließ er jetzt das Haus, dann geschah das nur auf dem Bauch – «falls gerade einer hinter der Ecke lauert». Patrouillierte er durch den Garten – nicht ohne Sheba tadelnde Blicke zuzuwerfen, weil sie im Gärtnerschuppen so laut mit Simon tollte und alles verjagte –, dann stets mit dem gespannten Blick und dem verhaltenen Schritt des Jägers. Wenn er dösend am Feuer auf dem Rücken lag und sich den Bauch wärmte, schlief er nun nicht mehr den tiefen und ruhigen Schlaf eines Katers, der höchstens an Krabbenbrötchen denkt: jetzt fing er mit wilden Bewegungen Traumvögel.

Das waren aber auch die einzigen Vögel, die er fing. Wirkliche Vögel hielten sich in einer Entfernung, in der er ihnen nichts anhaben konnte. Zum Ausgleich dafür brachte Salomon jeden toten Vogel nach Hause, den er im Um-

kreis von anderthalb Kilometern irgendwo auf-
stöberte.

Manchmal war der Vogel schon sehr lange tot
– wie die Krähe, die bestimmt schon einen Monat zuvor geschossen worden war und sich bereits in ihre Bestandteile auflöste, als Salomon
sie triumphierend auf den Teppich legte. Wir
nahmen sie mit einer Schaufel auf und trugen sie
eilends in den Wald zurück: Charles meinte, es
sei besser, sie aus unserem Grundstück zu entfer-
nen, sonst denke womöglich jemand, Salomon
sei der Mörder. Ich fand, Charles sei da ein bißchen zu ängstlich. Nicht einmal Salomons eifrig-
ste Bewunderer konnten ihm zutrauen, eine
Krähe mit einer Schrotflinte herunterzuholen.
Aber ich sagte nichts. Am nächsten Tag war die
Krähe wieder da.

Fein, was? schaute er uns fragend an und
schleckte eine abstehende Feder sorglich zurecht.
Dann ließ er sich, ganz stolzer Besitzer, neben
der Krähe nieder – demonstrativ, daß Charles es
ja sähe. Aber Charles hielt sich bloß die Nase zu
und rannte nach Desinfektionsmitteln.

Von nun an hörte Charles auf mich, und Salomons Trophäen wanderten in den Abfalleimer.
Den Deckel mußte man freilich ganz fest zu-
drücken, damit er sie nicht wieder herausholen
konnte. Mühe gab er sich genug. Er führte ein
wüstes Theater auf, kratzte wie toll am Deckel

und jammerte laut nach seinem Fasanenkopf, den er auf Vater Adams Misthaufen, und nach seinem Taubenflügel, den er auf der Gasse gefunden hatte.

Charles sagte, wenn die Krähe schon einen Monat tot war, so müsse die Taube während der römischen Besatzungszeit gestorben sein – aber Gestank hatte Salomon noch nie gestört. Je stärker seine Beute roch und je grausiger sie aussah, um so mehr Spaß machte es ihm. Allerdings nur, wenn er sie selbst gefunden hatte. Gaben *wir* ihm etwas nicht mehr völlig Frisches, legten wir ihm zum Beispiel Fleisch vom Vortag zum Abendbrot hin, so starrte er uns voller Abscheu an und ließ wissen, wir erwarteten doch wohl nicht, daß er «das» esse. Mit Sheba war es genau so schlimm. Vergiften wollt ihr uns, jammerte sie in solchen Fällen und wandte sich nach einem einzigen mißtrauischen Schnuppern mit gut gespielter Entrüstung ab. Dann gingen die beiden fort, setzten sich bekümmert nebeneinander auf die Gartenmauer und bettelten die Vorübergehenden traurig an, ob sie nicht ein bißchen Futter für sie übrig hätten oder einen guten Platz für zwei kleine Katzen wüßten, die ganz allein auf der Welt wären.

Am schlimmsten waren die Wochenenden. Wenn es auf Sonntagabend zuging, wußte ich oft nicht mehr, womit ich diese Tiere satt machen sollte. Hatte ich auch am Freitag zwei Pfund ganz frisches Fleisch gekauft, so weigerten sie sich, wenn es warm war, schon am Samstagnachmittag, es anzurühren. Fisch fiel aus dem gleichen Grunde aus. Den wollten sie schon Samstag zum Frühstück nicht mehr fressen. Katzenfutter aus der Dose verabscheuten sie: so etwas fräßen Siamkatzen nie. Nicht einmal im Notfall. Die besten Rindfleisch- oder Kalbfleischkonserven akzeptierten sie gnädig für eine Mahlzeit, nicht mehr. Siamkatzen brauchen Abwechslung, meinten sie, wenn sie gramgebeugt und doch würdevoll zur Gartenmauer zogen.

Wochenlang fraß Sheba sonntags überhaupt nichts. Sie sah so gebrechlich aus, daß mir beinahe die Tränen kamen, obwohl ich wußte, daß sie übertrieb. Salomon dagegen fraß demonstrativ nur All Bran. Wir waren jedesmal betreten, wenn wir den offenen Küchenschrank erblickten und die Packung gierig aufgerissen auf dem Fußboden liegen sahen: stumme Zeugen unserer Unfähigkeit, die Katzen angemessen zu ernähren. Sehnsüchtig dachten wir an unser zahmes Eichhörnchen Blondin zurück: das war mit ein paar Nüssen und einer halben Orange zufrieden gewesen. Seine einzigen Laster waren eine Leidenschaft für Hosenknöpfe und die Gewohnheit, die Zunge erwartungsvoll in den Schnabel der Teekanne zu stecken, wenn niemand zusah. Wehmütig seufzend priesen wir die vergangenen Zeiten, machten uns auf und bestellten einen Kühlschrank.

Am gleichen Tag, an dem dieses Symbol des Sieges im Kampf um «Frisches Fleisch für Siamkatzen» ankam, brachte Salomon seine bisher stolzeste Beute nach Hause. Manchmal schien es, als sollte diese Katze nie aufhören, uns Schwierigkeiten zu bereiten. Die Arbeiter installierten in der Küche den Kühlschrank, und ich bot ihnen dankbar eine Tasse Tee an; Sheba saß großäugig und neugierig wie immer in nächster Nähe und wurde gerade von einem

Arbeiter im Spaß gefragt, ob der Kühlschrank wohl groß genug sei für ihre Mäuse; Charles rechnete aus, wie viele Flaschen Bier hineingingen. In diesem Augenblick trat Salomon auf. Seine Augen leuchteten, seine langen dünnen Beine hatte er weit gespreizt, um nicht auf die nachschleppenden Flügel zu steigen, und so kam er hereingestelzt mit einem mächtigen Fasan.

Man hätte eine Nadel fallen hören, als er das Tier zu meinen Füßen niederlegte und sich eine Feder von der Nase wischte. Die Männer sahen sich vielsagend an. Wir wußten, was sie dachten – daß sie da in ein hübsches Wilderernest geraten seien, wo man statt Hunden Siamkatzen verwendet. Bei solchen Leuten könne man nie wissen ... Charles gab sich die größte Mühe zu retten, was noch zu retten war. Er erklärte, Salomon habe die üble Gewohnheit, tote Sachen aus dem Wald nach Hause zu schleppen. Er stieß den Vogel gleichgültig mit dem Fuß an: wie damals die alte Krähe, die ging in Stücke, wenn man nur dran rührte. Aber dieser Fasan hier ging keineswegs in Stücke. Vielmehr klang es recht fest und gesund, als er polternd über den Boden rollte. Salomon stürzte sich sofort mit einem teuflischen Schrei auf seine Beute: Wag's ja nicht, noch mal aufzustehen, sonst passiert was! Die Arbeiter erschraken entsetzlich, beendeten ihre Arbeit, so rasch sie konnten, und verschwanden. Im Weggehen hörten wir sie noch sagen: «Kein Wunder, daß die einen Kühlschrank brauchen!»

Eines wußten wir: wo immer Salomon diesen Fasan herhaben mochte, selbst gefangen hatte er ihn bestimmt nicht. Er hatte einer Amsel ein paar Schwanzfedern ausgerissen, schön und gut. Aber ein Vogel von dieser Größe hätte nur mit den Flügeln nach ihm zu schlagen brauchen, und schon wäre er auf den nächsten Baum geflohen.

Vielleicht hatte er ihn aus irgendeiner Speisekammer gestohlen. Es war aber auch möglich, daß ein Wildhüter aus dem Dorf ihn im Vorbeigehen als Geschenk übers Gartentor geworfen hatte. Das kam schon mal vor. Dann hätte ihn Salomon nur aufgehoben und ins Haus gebracht.

Wir erfuhren es nie! Zwei Tage lang lag der tote Vogel im Badezimmer, und Salomon bemühte sich krampfhaft, die Tür einzuschlagen. Charles sagte einmal, es sei ein Jammer, den Fasan verkommen zu lassen; dann wieder, es gäbe Leute, die wegen geringerer Vergehen eingesperrt worden seien. Wir hofften immer, einen Wink zu bekommen, woher der Vogel wohl stammen könne, aber nichts geschah. Wenn er wirklich aus einer Speisekammer stammte, so

194

war er bestimmt auch dorthin nicht rechtmäßig gelangt. Nachforschungen wagten wir nicht anzustellen, denn wir wollten doch, wenn es kein Geschenk war, Salomon nicht als Wilderer brandmarken. Es war ganz klar, daß die Leute nicht an seiner Schuld gezweifelt hätten, er hatte ja von klein auf keine Gelegenheit versäumt, den starken Mann zu spielen.

Da wir – von unseren Gewissensbissen ganz abgesehen – nicht gut einen Vogel essen konnten, der möglicherweise vergiftet war (auch das mußte man in Erwägung ziehen), schlichen wir uns in der zweiten Nacht nach Einbruch der Dunkelheit mit dem wohlverpackten Tier hinaus, wanderten drei Kilometer weit ins Hügelgelände und versenkten es schweren Herzens in einen Graben.

## Salomons Romanze

Wenn unsere Katzen liebevoll aneinanderge-
schmiegt in einem Sessel saßen oder in feierlicher Prozession den Gartenweg entlangzogen
und sich um Charles' neueste Kohlpflanzung
besorgt zeigten, dann sagten die Leute oft bei
ihrem Anblick: «Das muß aber hübsch sein,
gleich zwei Siamkatzen zu haben.»

In gewisser Weise stimmte das. Sie leisteten
einander Gesellschaft, wenn wir nicht zu Haus
waren, und wo hätte Salomon an Winterabenden beim Schlafen vorm Kamin seinen Kopf
hinlegen sollen, wenn nicht auf Shebas Magen?

Andererseits stifteten sie sich aber auch gegenseitig zu so viel Unfug an, daß ein Dutzend
Affen nicht schlimmer hätte sein können. Einmal zum Beispiel spielte Sheba blinder Passagier
in Simons Beiwagen, und er entdeckte sie erst
bei sich zu Hause. Er mußte den ganzen Weg
zurückfahren und sie wieder zu uns bringen.

Dabei entfernte sie sich selten weit vom Garten, und jedesmal, wenn Salomon eine seiner Spritztouren unternommen hatte, mußte er zu seinem Verdruß damit rechnen, daß sie vergnügt vor der Tür stand und schrie: «Hier ist er», und: «Kriegt er jetzt Haue?», wenn er gerade stillschweigend ins Haus schleichen wollte.

Er konnte mit seinen Ausflügen und Abenteuern prahlen, so viel er wollte, Sheba interessierte das nicht. Sie blieb lieber zu Haus und flirtete mit Charles und Simon. Bis sie eines Tages Salomon rufen hörte, hinausging und ihn auf der Kühlerhaube eines Autos sitzen sah. Nur einen Blick warf sie auf ihn und wollte schon Charles herbeiholen. Da überlegte sie es sich plötzlich anders. Sie war so lange brav gewesen – wenn man ehrlich sein wollte, mußte man zugeben, daß es allmählich langweilig wurde. Außerdem kriegte Salomon sowieso nie Dresche, obwohl sie sehr dazu riet. Es wurde immer so viel Theater um diesen Streuner gemacht, wenn er endlich heimkam, daß sie sich manchmal richtig vernachlässigt vorkam. So sprang sie ohne Federlesens zu ihm auf die Motorhaube.

Fortan waren die beiden wie der Blitz aus dem Haus, wenn draußen ein Wagen parkte. Zuerst setzten sie sich nur auf den Kühler und «schwatzten» zutraulich mit den Leuten. Das war schon schlimm genug. Ich mußte immer hinausrennen, um sie noch rechtzeitig zu verjagen und die Pfotenspuren wegzuwischen, ehe der Autobesitzer zurückkam. Dann entdeckte Salomon, daß ein Auto auch ein Inneres hat. Ich werde den Tag nie vergessen, an dem er das herausfand. Ich war hinausgesaust, um die Katzen von der Kühlerhaube eines großen schwarzen Ford zu verjagen, und polierte gerade fleißig an den Pfotenspuren herum, als ich plötzlich merkte, daß Salomon irgend etwas durchs Wagenfenster verblüfft anstarrte. Als ich nachsah, was das wohl sei, saß da eine alte Dame auf dem Rücksitz und starrte ebenso verblüfft zurück. Mit einem verlegenen Lächeln – was hätte ich auch sagen sollen? – packte ich die beiden Katzen und flüchtete. Natürlich war das sinnlos. Salomon hatte nun einmal die alte Dame aufgespürt und war fest entschlossen, sie sich genauer anzusehen. Kaum hatte ich ihn auf den Rasen gesetzt, setzte er wieder über die Mauer, und diesmal klammerte er sich mit den Vorderpfoten fest an den Türgriff, während er angespannt durchs Wagenfenster spähte.

Wenn Salomon nicht loslassen will, halten seine Krallen wie Enterhaken. Ich konnte sie einfach nicht vom Türgriff wegkriegen. Nun schrie er vor Wut, weil er die Dame sehen wollte, Sheba kommandierte wie üblich vom Pflaumenbaum herunter, diesmal solle ich ihn aber wirklich verhauen, und die alte Dame erlitt beinah einen Schlaganfall, weil sie dachte, eine verrückte Frau und eine genauso verrückte Katze wollten sie überfallen. Da sah ich nur einen Ausweg: Ich packte Salomon fest um die Mitte und schrie, so laut ich nur konnte, nach Charles. Charles hakte denn auch Salomon los und besänftigte die alte Dame, während ich den Kater ins Haus schaffte. Es sei nicht leicht gewesen, meinte er, sie habe immer wieder gesagt, wenn ihr Sohn von seinem Spaziergang zurückkomme, würden wir noch von ihr hören. Sie sei erst still geworden, als er erwähnte, daß ich seine Frau sei. Da Charles nicht wußte, daß ich schon einmal hinausgesaust war und die Kühlerhaube poliert hatte, ohne zu ahnen, daß jemand im Wagen saß, konnte er nicht recht verstehen, warum die alte Dame ihm auf diese Bemerkung hin mitleidig die Hand drückte und sagte: «Armer Junge, wir haben alle unser Päckchen zu tragen, man darf trotzdem den Mut nicht verlieren!» Dann hatte sie ihm noch ein Pfefferminzbonbon geschenkt. Ich schwor, nie wieder würde ich Salomon von einem Wagen herunterholen. Natürlich tat ich es doch. Immer wieder schleppte ich ihn fort und zog ihn unter oder neuerdings, wenn ein Fenster offen war, auch aus anderer Leute Autos heraus. Autotüren zu öffnen, wagte ich nicht, auch wenn sie nicht verschlossen waren. Charles meinte, die Leute könnten denken, wir hätten sträfliche Absichten. So stand ich manchmal zwei- oder dreimal am Tag vor fremden Wagen, ließ ein langes Stück Bindfaden zum Fenster hineinbaumeln und beschwor Salomon flehentlich, er möge doch ein guter Kater sein und herauskommen, ehe der Autobesitzer zurückkehrte. Ich hielt die Schnur mit ausgestrecktem Arm und stand so weit wie möglich vom Wagen entfernt. Unmöglich konnte jemand denken, ich hätte böse Absichten, aber nicht wenig Leute dachten bestimmt, bei mir wäre eine Schraube locker. Zumal Salomon sich überhaupt nicht um mich kümmerte. Er lag entweder lang ausgestreckt oben über dem Rücksitz und tat den Passanten gegenüber so, als gehöre der Wagen ihm und er warte nur auf den Fahrer, oder er war überhaupt nicht zu sehen und schnupperte auf dem Boden herum.

Er wußte ganz genau, daß er etwas Verbotenes tat. Stets schlüpfte er eine Sekunde, bevor der Besitzer erschien, elegant aus dem Wagen heraus. Aber ich hatte immer Angst, daß er — und ich — eines Tages erwischt werden würde. Ich fürchtete auch, er könne eines Tages ohne mein Wissen in einen Wagen steigen und von dem nichtsahnenden Fahrer mitgenommen werden. Sooft ich also draußen einen Wagen hörte, unterbrach ich automatisch jede Arbeit und stürzte an die Haustür. Aber zu guter Letzt — ich hätte es ja wissen müssen, wenn ich die Veranlagung unserer Katzen bedacht hätte — wurde natürlich nicht Salomon entführt, sondern Sheba.

Sie war viel vorsichtiger als ihr Bruder und traute sich nie in einen Wagen hinein. Das Äußerste, was sie wagte, war, mit großen Augen auf dem Kühler zu sitzen, während ich wie wild mit meinem Bindfaden nach Salomon fischte. Er sei doch ungezogen, sagte sie dann, und sie möchte nur wissen, wo das mit ihm noch enden wolle. Trotzdem hätte sie's nur zu gern selbst probiert. Es stand deutlich in ihrem kleinen blauen Gesicht geschrieben. Als ihre Neugier schließlich siegte, ging sie hin und setzte sich in Simons Beiwagen. Offensichtlich baute sie darauf, daß sie Simon gut kannte und daß ihr bei ihm nichts passieren konnte. Natürlich wurde sie prompt entführt; so geht es zu in der ungerechten Welt.

Salomon war überglücklich, als sie zurückkam. Diesmal konnte *er* die Predigt halten, das genoß er sichtlich. Da sei sie nun, die Dame mit dem vorwurfsvollen Blick, wie wäre es denn, wenn jetzt zur Abwechslung sie einmal verhauen würde? brüllte er und stolzierte ihr entgegen, als sie recht klein und eingeschüchtert in

Simons Armen den Gartenweg herunterkam. Er wartete keine Antwort ab. Sobald Simon sie auf den Boden gesetzt hatte, warf er sie um – einfach um zu zeigen, wer hier der Herr im Hause sei.

Sonst war es natürlich immer umgekehrt. Sheba stellte die vorbereitenden Untersuchungen an, und Salomon führte sie weiter und geriet dabei in Schwierigkeiten. Zum Beispiel das Loch oben an der Treppe, wo die elektrischen Drähte vom alten Teil des Hauses in den neuen durchliefen: Charles hatte ein Stück Papier darübergeklebt und mit Wasserfarben angemalt, damit man den Fleck nicht sehen sollte, bis er einmal Zeit hätte, das Loch richtig auszufüllen. Sheba entdeckte an der unteren Kante des Papiers einen Spalt, der einen verräterischen Luftzug durchließ. Aber während sie sich damit zufriedengab, hineinzuspähen, hatte Salomon natürlich nichts Eiligeres zu tun, als seine Pfoten durchzustoßen und zu drohen, wer auch immer dahinter stecke, solle lieber gleich rauskommen, «sonst komme ich hinein, und dann könnt ihr was erleben!». Diese eindrucksvolle Vorführung machte ihm solchen Spaß, daß er von nun an jedes Stück Papier kaputtmachte, das wir dorthin klebten. Wenn ich Gäste die Treppe hinaufführte, mußte ich immer zweierlei erklären: erstens, warum da dauernd ein großes Loch mit

203

Papierfetzen war, und zweitens, warum gewöhnlich auch noch eine große, dümmlich blickende Siamkatze Drohungen hineinschrie.

Als wir in der Küche neue Einbauschränke bekamen, wagte sich erneut Sheba als erste vorsichtig auf den Spültrog und öffnete zierlich mit neugierigen Pfötchen eine Tür. Aber nachdem sie auf diese Weise geklärt hatte, daß da nichts drin war, was kleinen Katzen gefährlich werden konnte, wurde es für Salomon ein Teil seiner täglichen Routinearbeit, die Türen mit einem kräftigen Knall aufzuschieben. Als wir die beiden einmal auf einen Spaziergang durch die Kornfelder mitnahmen, hatte Sheba zuerst die Idee, für Abwechslung zu sorgen, indem sie gelegentlich auf einen Pfosten sprang und Charles anflehte, er möge sie doch herunterheben. Salomon mußte dann natürlich jeden Pfahl hinauf und hinunter wie ein Zirkuspony, bis er zuletzt vor lauter Begeisterung auf der falschen Seite hinuntersprang und sich im Kornfeld verirrte.

Es konnte passieren, was da wollte – immer mußte Salomon die Hauptperson sein und im Rampenlicht stehen, nur nicht, wenn es ums Ohrenwaschen oder ums Fellkämmen ging. Dann gab es keine Katze auf der Welt, die mehr Wert darauf gelegt hätte, zuletzt an die Reihe zu kommen. Überaus interessiert sah er jeweils zu, wie wir Sheba bearbeiteten, schnupperte an der

Watte und am Ölschälchen herum, spähte fachmännisch in ihre Ohren und versicherte uns, sie seien völlig verstopft, und Sheba habe sie bestimmt seit Monaten nicht gewaschen. Sobald jedoch er drankommen sollte, verschwand er blitzschnell. Er schrie, wir irrten uns gewaltig, er sei überhaupt nicht unsere Katze, raste verzweifelt von einem Versteck ins andere und klammerte sich mit den Krallen an Stuhllehnen und Teppichkanten fest. Dabei geschah nichts weiter, als daß zwei kleine Wattebäusche sanft in seine Ohren gedreht und sein Fell rasch einmal durchgekämmt wurde! War die große Tat endlich vollbracht, lief er mit traurig gesenkten Ohren umher und schaute uns von unten herauf so vorwurfsvoll an, daß wir uns ein paar Stunden lang selber nicht leiden konnten.

Als der Winter kam und der erste Schnee fiel, den sie zu Gesicht bekamen, trippelte Sheba zaghaft hinaus und stellte fest, man könne sich ohne Gefahr hinauswagen. Salomon kratzte und rüttelte daraufhin jeden Abend an der Tür und verlangte auf den Rasen hinaus, wo er im fußhohen Schnee mit aufgestelltem Schwanz herumsprang, während Sheba nur fein säuberlich einmal den Weg hin und zurück patrouillierte, sich dann wieder elegant auf den Vorplatz setzte und sich den Schnee aus den Pfötchen putzte. Sheba fand, der Winter sei eine gute Zeit zum

205

Vogelfangen, weil sie da von uns gefüttert würden. Sie saß jeden Morgen unter dem Fliederbusch und heftete ihre Saphiraugen starr auf den Futterplatz, während Salomon – natürlich – darauf bestand, sich erwartungsvoll auf dem Futterplatz selbst niederzulassen. Wenn wir sie ins Haus holten, damit die Vögel in Ruhe fressen konnten, heulte Sheba: Alles muß er verderben.

Es gab jedoch einige Gelegenheiten, bei denen sie gleicher Meinung waren. So kamen beide nicht herein, wenn sie gerufen wurden, und ebensowenig wollten beide einen neuen Hausgenossen dulden. Weiter unten in der Straße wohnte eine hübsche kurzhaarige blaue Katze mit Bernsteinaugen namens Susi, die nur den einen Fehler hatte, daß sie jedermann liebte. Sie liebte Hunde, sie liebte Menschen, sie liebte unsere Katzen – sie liebte sogar den mächtigen sturmerprobten Gutskater. Beweis dafür waren all die Kätzchen, die sie jedes Jahr in die Welt setzte – dickköpfig und schwarzweiß gefleckt. Und eines Tages verliebte sie sich in Salomon, der darüber nicht schlecht erschrak. Er versuchte es zunächst mit abweisenden Blikken. Er setzte ihr laut und ausführlich auseinander, daß ihm Käfer lieber seien als Mädels. Nichts half. Jedesmal, wenn er den Kopf zur Tür hinausstreckte, saß Susi auf dem Vorplatz, schnurrte laut und wartete darauf, mit ihm ein wenig zu flirten. Der Ausdruck auf seinem Gesicht, wenn er dann verlegen in den Garten spazierte und so tat, als wisse er nicht, daß seine Anbeterin ihm wie sein Schatten folgte, war unbezahlbar. Es war köstlich anzuschauen, wie er sich ins Haus verdrückte, wenn er sie rechtzeitig kommen sah, und ängstlich durch die Dielengardine lugte, ob sie noch nicht bald fort sei. Schließlich kam sie ihm auf die Schliche und suchte ihn im Haus. Wenn sie dabei an den Freßnäpfen vorbeimarschierte, fraß sie so nebenbei alles leer.

Darüber geriet Sheba so in Wut, daß sie völlig vergaß, sich wie eine Dame zu benehmen. Sie versteckte sich eines Tages hinter der Tür und schlug zum erstenmal in ihrem Leben zu – und zwar auf Susis Nase.

Es machte die Sache nicht einfacher, daß wir Susi gern mochten und sie betont freundlich begrüßten, wenn sie kam. Salomon maunzte dann, damit bestärkten wir sie nur darin, sein Futter zu fressen, und glotzte sie aus dem Türspalt düster an, von wo er schnell verschwinden konnte, wenn sie liebevolle Blicke in seine Richtung zu werfen begann. Und Sheba klagte, damit lüden wir sie ein, immer wieder zu uns zu kommen, und sah eifersüchtig zu, wie Susi sich an Charles' Bein rieb. Wir sollten's nur gleich offen heraus sagen, daß wir sie ganz zu uns nehmen wollten, schienen beide beleidigt zu maulen, als sie Susi eines Tages trafen, wie sie sich friedlich vor dem Ofen putzte.

Dieser Gedanke war nun in der Tat Susi selbst auch schon gekommen. Als sie das nächste Mal erschien, brachte sie ein halberwachsenes Kätzchen mit. Nachdem wir sie vor die Tür gestellt und ihr gesagt hatten, sie solle sich nach Haus trollen – denn das war uns bei allem Wohlwollen doch ein bißchen zu viel –, ging sie mit ihrem Jungen in den Kohlenschuppen und schlief dort die ganze Nacht auf einem Papiersack. Nicht, daß sie kein Zuhause gehabt hätte. Nur, sie habe eben Salomon so lieb, schnurrte sie glücklich, als sie am nächsten Morgen um sieben Uhr ihren Sprößling durch die Hintertür zu den Freßnäpfen lotste, und unsere Küche sage ihr zu, und so habe sie beschlossen, von jetzt an bei uns zu bleiben.

Wir verbrachten den Tag in einer Art Belagerungszustand und hielten die Hintertür vor den Eindringlingen fest verschlossen. Unsere zwei schrien ihnen von jedem Fenster aus zu, sie sollten sich nach Hause scheren. Schließlich fing es an zu regnen, und zu unserer Erleichterung gingen sie wirklich. Wir kamen uns allerdings richtig gemein vor, als wir zusahen, wie das lange dünne blaue und das kleine dicke schwarze

Hinterteil traurig die Straße hinunter verschwanden.

Eine halbe Stunde später – es regnete immer noch in Strömen – hörten wir schwache Quiekser vor der Hintertür. Wir schauten einander bestürzt an. «Da hat sie wieder das Junge draußen», sagte Charles. «Das muß ja glatt ertrinken in diesem Regen!» Geschähe ihm schon recht, meinte Salomon, der auf dem Bauch lag und unter der Tür durchzuspähen versuchte. Die Nässe wird es lehren, anderer Leute Futter zu fressen. Aber wir konnten den Gedanken nicht ertragen, den armen kleinen Knirps, nachdem er schon die ganze Nacht auf den Kohlen geschlafen und dann kein Frühstück gehabt hatte, nun da draußen in der Kälte zu wissen, nur weil Susi Salomon liebte. Wir sahen uns besiegt und öffneten die Tür – und waren baff.

Da saß im strömenden Regen nicht etwa der kleine schwarzweiße Strolch von gestern abend, sondern zwei wunderschöne blaue Kätzchen mit runden Topasaugen, die ihre Mäuler zu klagendem Tremolo weit aufgesperrt hatten. Ganz offensichtlich war die Szene gut einstudiert. Wir hatten die beiden vorher noch nie gesehen, aber sobald die Tür sich öffnete, hoben sie ihre kleinen kecken Schwänze in die Luft und marschierten kühn herein. In diesem Augenblick sprang Susi vom Sims des Küchenfensters, wo sie gewartet hatte, und schickte sich an, ihnen zu folgen. Das seien ihre besten, erklärte sie uns mit ihrem schrillen Stimmchen. Da wir offensichtlich nur bessere Katzen wollten, dürften doch wohl diese beiden bei uns bleiben? Niemals wieder bin ich mir so unbarmherzig vorgekommen wie damals, als ich ihr sagte, das gehe nicht, und ihnen die Tür vor der Nase zumachte.

## Drei aufregende Jahre

Es ist nun drei Jahre her, seit Salomon und Sheba in unser Leben traten. Manchmal kommen sie uns wie dreißig vor – aber das geht anderen Besitzern von Siamkatzen genauso. Im Laufe dieser Zeit hat sich in unserem Haushalt manches verändert. Shorty haben wir zum Beispiel nicht mehr. Voriges Jahr ist er ganz plötzlich gestorben. Wir hatten ein schlechtes Gewissen, weil es doch vielleicht davon herrührte, daß Salomon und Sheba ihn so oft von seinem Haken heruntergeboxt hatten. Allerdings schien es ihm zunehmend Spaß zu machen, wenn er mit seinem Käfig im Lehnstuhl eingeklemmt saß und aus diesem sicheren Hafen rechts und links auf die Katzen herunterschimpfen konnte.

Wir wollten die Todesursache erfahren und brachten ihn zu einem dafür zuständigen Amt. Als der Bericht kam, fiel uns ein Stein vom Herzen. Es stellte sich heraus, daß er an Herzverfettung und einer vergrößerten Leber gestorben war. Wie er das bei Vogelfutter und Wasser fertiggebracht hat, ist uns immer noch ein Rätsel. Wir schafften uns keinen neuen Vogel an. Mit den Katzen im Haus schien uns das nicht fair. Die Fische sind noch da, obwohl auch sie allerhand mitmachen müssen. Vorigen Winter bekam der größte von ihnen eine Pilzkrankheit an Kopf und Schwanz. Vierzehn Tage lang konnte ich keinen Kuchen backen, weil der Fisch traurig in meiner Teigschüssel in einer Heillösung herumschwamm. Als die vierzehn Tage um waren, hatte sich die Sache nur verschlimmert, und es sah so aus, als habe Sheba recht. Sie besuchte ihn nämlich jeden Tag erwartungsvoll, und als sie feststellte, daß sie ihn nicht erreichen konnte, weil wir das Kuchengitter über die Schüssel gebunden hatten, riet sie uns sehr entschieden, wir sollten ihm eins auf den Kopf geben und ihn ins Klo schütten. In meiner Verzweiflung probierte ich ein Mittel aus, das ich in einem Buch aus der Leihbibliothek gefunden hatte. Es lautete: man setze den Fisch in Salzwasser (ein Teelöffel auf einen Viertelliter) und füge vier Tage lang täglich einen weiteren Teelöffel Salz hinzu.

Unserem Fisch schien das nicht besonders zu bekommen. Am Abend des dritten Tages schwamm er auf der Seite in seiner Schüssel und lag offensichtlich in den letzten Zügen. Da hatte Charles plötzlich eine Erleuchtung und erkannte die Ursache: Infolge des feuchten Wetters war unser Salz viel stärker konzentriert als gewöhnlich, und wir hatten den kleinen Kerl bei lebendigem Leibe gewissermaßen gepökelt. Sogleich erlösten wir ihn aus seinem Salzwasserbad und setzten ihn in eine Schüssel mit warmem klaren Wasser. Aber er trieb immer noch oben. Von Reue geplagt blieben wir bis Mitternacht auf und lösten einander ab in unseren Bemühungen, ihn senkrecht zu halten und am Schwanz immer rund um die Schüssel zu steuern. Schließlich wurde unsere Mühe belohnt, und er erholte sich erstaunlich rasch, so daß wir ihn schon nach kurzer Zeit wieder in das Aquarium lassen konnten. Merkwürdigerweise hatte er an den Stellen, wo das Salz auf die Pilze eingewirkt hatte, seine Goldfarbe verloren und war dort ganz schwarz geworden. Er hatte einen schwarzen Kopf und schwarze Kiemen, schwarze Flossenspitzen und einen schwarzen Schwanz. «Genau wie unser Dickerchen!» sagte Charles laut lachend – sehr zum Mißfallen von Salomon, der gleich wußte, daß von ihm die Rede war, die Ohren anlegte und schmollte.

Auch bei Salomon und Sheba gab es gute und schlechte Zeiten. Sheba wurde vor kurzem von einem ortsansässigen Kater in den Schwanz gebissen. Wie sie, die so züchtig die Augen schloß und schon fast in Ohnmacht fiel, wenn man sie nur anschaute, ein so schäbiges Exemplar von Kater überhaupt an sich hatte herankommen lassen, blieb ein Geheimnis – offenbar hatte auch sie ihre romantischen Augenblicke. In diesem Fall mußte sie es bitter büßen, denn sie bekam eine Woche später einen Abszeß am Schwanz, so groß wie eine Mandarine. Sie war überaus tapfer beim Tierarzt und ließ sich mit dem Gehabe einer zarten Märtyrerin den Abszeß öffnen und eine Penicillinspritze verpassen. Der Tierarzt sagte, wir müßten den Schnitt eine Woche lang offenhalten, den Eiter abziehen und die Wunde zweimal täglich mit Penicillinpuder behandeln. Bei manchen Katzen sei das eine vertrackte Sache, aber unsere kleine Süße – hier hob Sheba die Augen und schmachtete ihn an – würde uns bestimmt keinerlei Schwierigkeiten machen.

Das dachte er. Sheba bei einem hübschen jungen Tierarzt war etwas ganz anderes als Sheba bei uns zu Hause. Als er ihr den Schwanz mit dem Skalpell anderthalb Zentimeter aufschnitt, guckte sie ihn nur verliebt an. Als wir aber nur nach dem Desinfektionsfläschchen griffen, war sie schon den Berg hinauf ins Pfarrhaus geflitzt, wo sie gellend um Asyl flehte.

Als ob wir damit noch nicht genug Sorgen

gehabt hätten, begegnete Salomon dem gleichen Kater ein oder zwei Tage später auf der
Straße, stolzierte zu ihm hin und machte ihm
einen langen Hals wie ein Vogel Strauß – statt
zu flüchten, wie das jede normale Katze getan
hätte. Prompt wurde ihm die Wange aufge-
schlitzt. Es war nur ein kleiner Schnitt, aber
Shebas Schwanz zu heilen war ein Zuckerlecken
gegen die Behandlung dieser Wunde. Salomon
hatte so viel Kraft, daß wir ihn nicht einmal zu
zweit bändigen konnten. Das Katzenbuch sagte,
mit einer schwierigen Katze werde man fertig,
indem man sie am Kragen packe und fest auf
den Tisch drücke. Aber Salomon hatte so viel
Kragen, daß er sich darin herumdrehen konnte,
was zu dem merkwürdigen Phänomen führte,
daß wir ihn zwar am Kragen hielten, er aber
trotzdem flach auf dem Rücken lag und wie
wild mit den Beinen wirbelte. Die einzige
Möglichkeit, seine Wunde zu behandeln, war
für mich, mit ihm auf Händen und Knien am
Fußboden herumkriechend zu spielen, als ob er
noch ein kleines Kätzchen wäre, und ihm, sooft
es mir gelang, dabei etwas Penicillinpuder zu
geben.

Natürlich waren sie wieder in Hochform, als
die große Standuhr eintraf. Der Mann, der sie
aufstellte, lachte, als ich ihn bat, er möge sie an
der Wand befestigen, damit die Katzen sie nicht

215

umwerfen könnten. «Diesem guten Stück können Katzen nichts anhaben», sagte er und strich liebevoll über die Holzmaserung. «Das war noch solide Arbeit damals.»

Das stimmte. Diese Uhr, die nach dem Tod meines Großonkels in unseren Besitz gekommen war, hatte meinem Urgroßvater gehört und allerhand Reisen überstanden, da er wegen seiner Reederei viele Jahre in New York gelebt hatte. «Zweimal ums Kap Hoorn, das geht nicht ohne Narben», pflegte der Urgroßvater zu sagen, nachdem er sich schließlich in England zur Ruhe gesetzt hatte, weil er es nicht mehr aushielt vor Heimweh nach dem guten englischen Bier und den viktorianischen Polizisten, die einen nach Lokalschluß auf dem Schubkarren heimfahren. Die Narben waren noch zu sehen. Am Sockel waren ganze Späne ausgebrochen – da hatte sich einmal die Vertäuung in einem Sturm gelöst, und die Uhr war über die Schiffskiste gefallen. Was sie aber jetzt von unserem Katzengesindel erdulden mußte, das hatte die arme alte Uhr weder beim Urgroßvater noch vor Kap Hoorn erlebt.

Kaum waren die Handwerker aus dem Haus, nachdem sie die Gewichte eingehängt und das Pendel in Gang gesetzt hatten, da waren Salomon und Sheba schon am Werk. Sheba thronte obendrauf und zog verächtlich die Nase kraus,

weil sie eine Ritze entdeckt hatte, in der noch
Staub lag, und Salomon, für den Türöffnen
nach jahrelanger Übung an der Speisekammer
kein Problem war, hatte den Kopf schon drin
und beobachtete das Uhrwerk. Alle anderen
Unternehmungen waren plötzlich nebensäch-
lich. Als die Uhr schlug, purzelten sie überein-
ander, weil jeder sich mit einem tollen Sprung
in die Diele rettete – für den Fall, daß das Werk
herausfiele. Wenn ich die Uhr stellte, langte
Sheba von oben herunter nach den Zeigern, und
Salomon sprang mir mit Triumphgeheul auf
den Rücken und von dort auf meinen Kopf, um
auch dabeizusein.

Ich befürchtete, wenn die Gewichte nach
dem Aufziehen oben hingen, könne die Uhr
bei einem Ansprung Shebas umkippen, denn
Sheba schnellte sich immer vom Dielenschrank
hinüber. Waren die Gewichte unten, so fürchtete ich wiederum, Salomon könne in die Ketten geraten und hineingezogen werden, denn
von ihm sahen wir in dieser Zeit meist nur zwei
Spinnenbeine und einen langen schwarzen
Schwanz aus dem Uhrengehäuse heraushängen.
Das alles bereitete mir großes Kopfzerbrechen,
denn ich wollte weder mit der Uhr noch mit
den Katzen etwas riskieren, wenn wir außer
Haus waren. Deshalb band ich fortan nicht nur
die Fensterriegel fest und legte Zeitungspapier

auf die Treppenstufen, sondern wand auch ein Seil um das Uhrgehäuse, damit Salomon nicht hineinkonnte, und stellte einen schweren Sessel davor, damit Sheba sie nicht umwarf.

Später fand sich ein Schlüssel für die Tür, und Charles schraubte die Uhr an der Wand fest. Das geschah aber erst, nachdem durch diese Uhr das Dorf in seiner Meinung, bei uns wäre eine Schraube locker, bestärkt worden war. Während ich nämlich gewöhnlich nach dem Heimkommen als erstes die Diele wieder einigermaßen aufräumte, unterließ ich das eines Abends, weil ich allzu müde war. Natürlich mußte gerade an diesem Abend eine der Damen des Ortes auftauchen, um einen Umschlag für eine Wohltätigkeitssammlung abzugeben. Sie machte ein ziemlich komisches Gesicht, als ich ihr all das Zeitungspapier unten an der Treppe, das neckisch um die Uhr gewundene Seil und den in Eile quer vorgeschobenen Sessel zu erklären versuchte, zumal gerade in diesem Augenblick die Katzen in der Küche hingebungsvoll ihr Abendbrot aßen und nirgends zu sehen waren. Noch komischer sah sie aus, als sie nach einer halben Stunde den Umschlag wieder abholen kam und sah, daß wirklich stimmte, was ich gesagt hatte. Eine Siamkatze saß scheel blickend oben auf der Uhr, und die andere hatte den Kopf im Gehäuse und gab gerade eine Miau-Reportage über das Uhrwerk von sich.

Nicht, daß das Dorf diese ausdrückliche Bestätigung seiner Meinung über unseren Geisteszustand noch gebraucht hätte. In den vergangenen drei Jahren hatte es wahrhaftig genügend Gelegenheit gehabt, ausreichendes Beweismaterial zu sammeln. So zum Beispiel, wenn ich an Tagen, wo wir früh wegmüssen, im Morgenrock mit leerem Katzenkorb die Straße hinaufstürme und wie ein Hund belle. Den Korb muß ich mitnehmen, weil kein Mensch zwei Siamkatzen, die sich wie tollgewordene Aale krümmen, auf dem Arm tragen kann. Wenn ich – selten genug – das Glück habe, sie zu erwischen, tritt Sheba im Korb den Heimweg an, während Salomon mir wie ein Sack über der Schulter hängt und lamentiert, daß er gerade heute morgen ein Pferd sein wollte. Bellen muß ich, weil sie darauf manchmal hereinfallen und stehenbleiben. Im Morgenrock bin ich, weil ich ohne Zeitverlust hinter den Ausreißern herjagen muß. Bis ich mich angezogen habe, bummeln sie womöglich schon in bester Laune durchs nächste Dorf. Natürlich hat es wenig Sinn, das den Leuten auseinanderzusetzen. Sie halten uns einfach für verrückt. Wie die zwei morgendlichen Spaziergänger, die ich einst in Schlafanzug und Morgenrock überraschte. Ich sehe noch heute ihre Gesichter vor mir, als ich den steilen, aufgeweichten Pfad herabgeschlittert kam, mich an den Ästen zu halten versuchte, schließlich doch das Gleichgewicht verlor und die letzten paar Meter bis zur Straße auf dem Hosenboden zurücklegte. Ich erklärte ihnen, mir sei eine Siamkatze ausgerissen. Die Sache wurde dadurch nicht besser; denn in diesem Augenblick spazierten zwei Siamkatzen elegant aus unserer Gartentür, machten runde Augen und schienen erstaunt zu fragen, warum in aller Welt ich in diesem Aufzug auf der Straße sitze, sie hätten schon stundenlang im Garten gewartet.

So war es auch, als Sheba eines Tages nach einem Regen auf dem Dachfirst balancierte, auf einem feuchten Ziegel ausrutschte und die Nerven verlor. Kein Mensch war in der Nähe, als sie eine halbe Stunde lang starr vor Schreck auf dem First saß und Charles zu Hilfe rief, während Salomon auf dem Rasen heulend eine Sympathiekundgebung inszenierte. Es war auch niemand da, der uns geholfen hätte, als wir in der Überzeugung, sie könne wirklich nicht herunter, die lange Ausziehleiter auf die Hangseite schleppten und von dort quer übers Dach legten. Aber kaum war Charles darauf hinübergekrochen und saß nun seinerseits auf dem First fest, da wimmelte es nur so von Zuschauern. Vater Adams war auf dem Weg zur Schenke, die

Reitschüler machten ihren Morgenausritt, und an der Ecke stieg eine Pfadfindergruppe aus dem Bus. Es bestand keine Möglichkeit, jemandem klarzumachen, warum Charles da oben saß. Sheba war nämlich inzwischen ganz ohne Hilfe vom Dach heruntergekommen und tollte fröhlich mit Salomon auf dem Rasen umher.

Natürlich rechnet man bei Siamkatzen mit solchen Zwischenfällen, aber mit der Zeit zehrt es trotzdem an den Nerven. Vor drei Jahren hatte ich noch kein einziges weißes Haar auf dem Kopf. Und Charles ist gerade – während ich diese Zeilen schreibe – wieder mal die Treppe hinuntergefallen.

Trotz allem möchten wir die Katzen nicht missen. Wir können uns heute unser Haus ebensowenig ohne Siamkatzen vorstellen, wie wir es uns früher ohne ein Eichhörnchen denken konnten. Gerade sehe ich vom Schreibtisch aus die beiden den Hang hinunterkommen. Sheba marschiert voran, Salomon bummelt hinterher, hält hier und da an, um an einem Gänseblümchen zu schnuppern oder einen Blick über die Schulter zurückzuwerfen, ob es da vielleicht was Interessantes zu sehen gibt, und muß dann mit seinen langen Beinen ausgreifen, um wieder nachzukommen. Im nächsten Augenblick werden sie die Stufen heraufstürmen, nebeneinander auf der Schwelle stehen und mich vorwurfsvoll anblicken, als wäre es nicht ihre, sondern meine Schuld, daß der Ball auf den Stufen liegen blieb, über den Charles ausrutschte. Trotz allem! Mögen sie – und das sagt sogar Charles, der gerade im Bad seine blauen Flecke kühlt –, mögen sie's noch lange so treiben!